Pascal Bouvier

Hercule l'initié

ses douze travaux décryptés

Edition juillet 2018

Préambule

Hercule est l'un des plus célèbres héros de notre culture classique occidentale. Et pourtant si l'on demandait à des passants dans la rue de citer ses douze travaux, bien peu sauraient en évoquer plus de trois. Faites l'expérience autour de vous, et vous le constaterez par vous-même.

D'une part, parce que l'étude de cette œuvre littéraire relève du programme de sixième et qu'à cet âge, sans l'aide d'un professeur « éclairé » on ne perçoit pas qu'il puisse y avoir une sagesse profonde dans ce récit.

L'enseignant que j'ai eu ne voyait en la mythologie qu'une œuvre poétique, archaïque, qu'il traitait avec condescendance parce que lui-même n'en avait pas compris le sens caché. En présentant la mythologie comme « une vieille lune », il ne risquait pas de susciter la curiosité de ses élèves.

D'autre part, parce que la façon dont la mythologie nous a été relatée est souvent trop rapide car le programme est chargé. Les extraits présentés au collège ont le plus souvent été vidés de leur connotation sexuelle, alors que l'Olympe a des mœurs complexes et cryptées. Or, s'en priver c'est passer à côté de la pensée spirituelle de ces textes.

Ainsi, pour ne donner qu'un exemple, quand Zeus décide de « ravir » Ganymède, « le plus beau des enfants des hommes », pour en faire son amant, ce n'est pas tant d'un amour terrestre et mortel dont il est question, que d'un amour spirituel et éternel échangé avec celui qui symbolise l'Homme dans ce qu'il a de plus pur.

Les mots ont un sens, et d'ailleurs, il est amusant de noter que bien des religieuses des XVI° et XVII° siècles parlaient de leur extase mystique comme d'un « ravissement », façon de dire que comme Ganymède, elles se sentaient aspirées vers des sommets spirituels.

L'œuvre a toujours attiré sur elle la sympathie des lettrés grâce à la truculence du récit épique, à la force légendaire et aux grandes capacités copulatives d'Hercule, qui font de lui une référence virile et un modèle d'identification. De nombreux rois de France se sont fait représenter sous ses traits, notamment Henri IV et Louis XIV.

Mais en plus de ses qualités physiques, Hercule jouit d'une force intérieure qui le pousse à n'admettre aucune entrave à la réalisation de ses objectifs. Il a indéniablement le goût pour les aventures et se confronte souvent à des difficultés inattendues. Hercule les règle toujours de façon expéditive : ceux qui se mettent en travers de son chemin, s'exposent à se faire fracasser la tête à coup de gourdin.

On pourrait ne retenir de ses aventures que cette force brutale, et c'est ce que font la plupart des lecteurs. Mais le chercheur spirituel ne peut se contenter de ce rideau de fumée, et vous le pressentez, les douze travaux d'Hercule dissimulent un message qui a traversé le temps de façon cryptée.

Pourquoi dit-on qu'Hercule est un demi-Dieu ? On peut vous répondre laconiquement que c'est parce qu'il est né d'un Dieu et d'une mortelle. Le chercheur spirituel comprend que cela indique qu'Hercule a une double nature : terrestre et céleste, comme nous tous humains et c'est pourquoi le mythe est fascinant.

Le Christ lui-même ne dit pas autre chose quand il cite le psaume 82 :« En vérité je vous le dis : vous êtes tous des Dieux » Jean 10-34.

Historiquement plus proche de nous, Pierre Teilhard de Chardin résume en une phrase sa compréhension de l'origine de l'homme : « Nous ne sommes pas des êtres humains vivant une expérience spirituelle, nous sommes des êtres spirituels vivant une expérience humaine. »

Je ne multiplierai pas ici les citations, je préfère développer ma démonstration au fil du récit. Les références ne manqueront pas et permettent d'accéder rapidement aux différents niveaux de lecture de l'épopée d'Hercule.

Il n'est pas anormal de trouver des analogies avec d'autres mythes, antérieurs ou contemporains de celui d'Hercule.

Ainsi l'anthropologue syrien Firas Al-Sawwah a mis en évidence des similitudes entre l'épopée de Gilgamesh datée de 2650 avant JC, dont l'épopée est racontée en douze tablettes cunéiformes datées du XII° au VII° siècle avant JC.

Il en est de même des mythes hébraïques, comme nous le verrons, puisque la bible a été écrite ou relate des faits qui se sont déroulés de trois à 12 siècles auparavant, et qu'elle était connue du ou des auteurs du mythe d'Hercule.

De la même façon l'enseignement caché des douze travaux d'Hercule trouve un écho singulier dans les écrits évangéliques ou alchimiques qui lui sont postérieurs.

Rien d'étonnant à cela, pour traverser le temps les vérités fondamentales doivent s'adapter au contexte politique et religieux du moment, et souvent ne peuvent s'énoncer que de façon cryptée. Ce savoir ancestral est transmis par quelques rares initiés à de rares chercheurs spirituels.

L'épopée d'Hercule symbolise la quête d'initiation de ce chercheur spirituel. Il chemine et se confronte aux épreuves les plus inattendues jusqu'à sa libération individuelle.

C'est pour ces différentes raisons que les alchimistes de la Renaissance interprètent le mythe d'Hercule comme un combat spirituel vers l'immortalité, symbolisée par les pommes d'or du jardin des Hespérides, tandis que les exégètes chrétiens associent les douze travaux à des « épreuves de l'âme » sur le chemin de la perfection.

Je ne prétends pas détenir une vérité absolue et dévoiler la totalité des messages cachés dans les douze travaux d'Hercule. D'ailleurs faut-il tout dévoiler ? Je vous livre un travail d'interprétation personnel. Je tente de vous ouvrir des portes de compréhension. Mais il va de soi, et vous le comprendrez au fur et à mesure de votre lecture, que chacun doit s'approprier le texte, percevoir l'écho en lui des puissants symboles utilisés dans la narration de ce mythe, car « la valeur d'un symbole est la conscience qu'on en a ».

Au gré du récit, une petite voix intérieure vous dira peut-être : « Et moi où en suis-je de mon chemin spirituel ? Ai-je réussi à vaincre mes démons ? Suis-je l'homme ou la femme libre que je pense être ? Suis-je prêt à cueillir les pommes d'or du jardin des Hespérides, et à maîtriser Cerbère ? ».

C'est ce que je vous souhaite.

Introduction

La mythologie grecque est un ensemble littéraire mêlant récits héroïques et conceptions religieuses. Ainsi les plus anciens écrits, datés du VIII° siècle avant JC, comme la théogonie d'Hésiode ou les épopées d'Homère (l'Iliade et l'Odyssée) ne sont pas des textes sacrés. De plus il faut se rappeler que la Grèce antique à ses débuts était une alliance de cités-états et de royaumes, disposant chacun de sa spécificité cultuelle et de versions littéraires flatteuses des grands mythes communs.

Or, il n'était pas rare de voir coexister des cultes héroïques à côté des cultes aux divinités olympiennes. On peut donc légitimement se demander si l'épopée d'Héraclès ne s'inspire pas d'un personnage réel et populaire dont les aventures auraient servi de support à un récit crypté et enjolivé, comme cela se pratiquait à l'époque.

L'épopée de Gilgamesh, antérieure de presque deux mille ans, raconte par exemple l'histoire du 5° roi de Mésopotamie, mais les exploits qui lui sont prêtés ont de nombreuses variantes régionales.

Les deux histoires regorgent de similitudes, sauf leur chute : Hercule revient vainqueur et immortel de ses aventures, alors que Gilgamesh reste bredouille et en tant que simple mortel reprend son trône royal.

Héraclès le grec, ou Hercule son transfuge romain, est la personnification du courage et de la force physique. En sa qualité de demi-Dieu, il fait partie intégrante du Panthéon des dieux grecs. Une constellation dont le nom originel était « l'homme à genoux » porte aujourd'hui son nom, qui lui a été donné, dit la légende, par Zeus lui-même. Elle est située dans notre ciel boréal sud-est, entre la constellation de la Lyre et celle du Bouvier.

Compte tenu de l'origine du mythe, je citerai les Dieux grecs dans ce travail (en nommant la transposition latine), et par commodité je parlerai dans ce livre d'Hercule et non d'Héraclès.

Mais, commençons par le commencement : qui est Hercule ? Il est le fils de Zeus et de sa maîtresse mortelle Alcmène (fille de Persée) dont l'époux légitime, est Amphitryon.

Zeus a prédit un destin de roi exceptionnel à l'enfant qui naitrait le jour du terme d'Alcmène. Mais Héra, l'épouse légitime de Zeus a fort mal pris cette prédiction et a provoqué par anticipation la naissance d'Eurysthée, fils du roi d'Argolide.

Comme il est né le premier, le destin de roi lui échoit, et échappe donc à Hercule.

Héra agit envers Hercule comme une « providence maléfique », car elle est toujours sur son chemin, à le confronter à des monstres qu'elle a créés pour l'obliger à se dépasser.

On peut remarquer un marrainage très différent entre Héra et Athéna. Plus douce qu'Héra la déesse protectrice d'Ulysse, aidera son champion tout au long de son odyssée et donnera ponctuellement aussi de l'aide à Hercule.

Héraclès, en grec signifie "la gloire d'Héra". Son nom précise sa mission qui est de rendre manifeste sur le plan physique, le pouvoir de la divinité cachée.

Hermès, le messager des dieux sait que l'homme ne peut atteindre l'immortalité sans avoir été nourri du lait d'Héra, la vierge céleste. Il profite du sommeil d'Héra pour subtiliser Hercule à sa mère Alcmène et le glisser dans le lit de la déesse. Celui-ci se jette goulument sur sa poitrine et réveille Héra.

Furieuse de l'imposture, celle-ci rejette Hercule violemment au point de laisser échapper une giclée de son lait maternel. C'est l'origine de la voie lactée selon la mythologie.

Héra toujours en colère de la naissance adultérine d'Hercule jette dans son berceau deux gros serpents. Sans autre forme de procès Hercule étouffe les deux reptiles (ou deux dragons suivant les versions), avant de reprendre tranquillement sa sieste.

La légende est née et annonce l'avenir : il a maitrisé les serpents du caducée d'Hermès. Ce qui permettra au célèbre devin Tirésias de prédire : « Hercule triomphera d'hommes et de créatures redoutables, il accédera à l'immortalité dans l'Olympe après avoir accompli douze travaux ».

Hercule n'est pas né seul : il a un frère jumeau, simple mortel, nommé Iphiclès qui est l'enfant d'Amphitryon, et dont on n'entendra pas parler durant son épopée.

A Thèbes, Hercule, enfant, puis jeune homme reçoit une éducation soignée. Il bénéficie des meilleurs précepteurs : le centaure Chiron lui enseigne l'astronomie et la médecine. Castor lui apprend l'escrime à cheval. Il apprend aussi le pugilat (ancêtre de la boxe), est initié au tir à l'arc auprès de divers professeurs et Orphée figurerait également dans la longue liste de ses professeurs.

Hercule reçoit également une éducation musicale mais il se révèle peu doué et un jour où il est excédé, il tue son précepteur de musique.

Lorsqu'il arrive à maturité, les divinités allégoriques du Vice et de la Vertu se présentent à lui. Et bien sûr Hercule fait le choix de la Vertu.

Grâce à son courage et sa force extraordinaire, il fait très vite parler de lui. Ovide relate que la force d'Hercule lui conférait une grande confiance en lui, un peu teintée de dédain pour les mortels, à l'égal des dieux dont il estimait faire partie.

Hercule réussit très tôt ses premiers exploits : tuer le lion du mont Cithéron, coucher avec les cinquante filles du roi Thespios qui souhaitait avoir cinquante petits-fils aussi forts qu'Hercule. Il fit cela en une nuit (ou cinquante selon une version moins héroïque).

Peu de temps après, Hermès donna un glaive au jeune Hercule. Il reçut aussi un arc et un carquois de la part d'Apollon. Puis Hercule défendit victorieusement la ville de Thèbes contre une attaque de l'armée Minyenne. En remerciement de ses actes de bravoure, le roi Créon (beau-frère d'Œdipe) lui offrit en mariage sa fille Mégara, dont il aura plusieurs enfants.

Or, comme on peut le constater dans toute démarche spirituelle, le commencement est une forme de renoncement symbolique à son passé, assorti d'un rite de passage.

Pour Hercule il prend forme lorsqu'Héra, qui n'a rien oublié de l'infidélité de Zeus, frappe Hercule de folie : il tue sa femme et ses enfants, qu'il jette dans un brasier.

Dès le début de ce récit on peut se poser la question : ces meurtres sont-ils symboliques ? Le chemin spirituel nécessite-t-il de rompre les liens avec ses proches ? Ou au moins d'instaurer une distance ? Certainement, car le Christ lui-même appelle à sacrifier allégoriquement ses liens familiaux. Cf. Luc 14-5.

A chacun de trouver sa réponse, son juste positionnement, car **« la porte est en dedans »**.

Une fois rendu à la raison, éperdu de remords, Hercule entame un processus de purification et décide de consulter l'oracle de Delphes, dont l'entrée du temple est frappée de la célèbre maxime « Connais-toi toi-même », dont la suite est : « et tu connaitras l'univers et les Dieux ».

La Pythie lui dit de se conformer pendant douze ans à la volonté du roi Eurysthée. Obéissant à la voix de son âme, il entreprend comme expiation de ses péchés d'accomplir dix travaux, mais deux ne seront pas validés car il a reçu l'aide d'Athéna, et il en fera donc douze, correspondant aux 12 signes du zodiaque, comme nous allons le voir.

Les différentes sources ne sont pas toutes d'accord sur l'ordre dans lequel les épreuves d'Hercule se sont déroulées. A l'époque contemporaine, on fait commencer l'année zodiacale au printemps, en Bélier, alors que le texte antique commence en août. Suivons donc l'ordre historique et littéraire le plus répandu.

1 L'extermination du lion de Némée

La première tâche ordonnée par Eurysthée fut de se rendre dans la forêt de Némée, une ville du Péloponnèse proche de l'actuel canal de Corinthe, afin de tuer un énorme lion.

Or ce lion était d'origine divine : c'était le fils de Typhon le dieu de l'air et du vent et de Séléné la déesse de la lune. Dans la version d'Homère, ce lion était le fils d'Orthos, le chien de Géryon (que nous verrons dans le onzième travail) et de la Chimère (que Bellérophon tuera en chevauchant Pégase, le cheval ailé).

Il avait été nourri par Héra, comme tous les autres monstres qu'Hercule va rencontrer d'ailleurs. Depuis plusieurs générations, il ravageait les troupeaux, dévastait les villages et dévorait les habitants de la région.

Hercule partit donc vers le nord-ouest. En chemin il s'arrêta dans la hutte d'un laboureur. Pour honorer sa témérité celui-ci voulut sacrifier un mouton, comme on le fait pour les dieux. Refusant cet honneur, Hercule lui demanda d'attendre un mois : ou bien il mériterait un sacrifice au titre de héros mort, ou bien il aurait tué la bête, auquel cas le laboureur pourrait alors offrir le sacrifice à Zeus.

Après plusieurs jours de traque, Hercule aperçut enfin l'énorme monstre derrière un buisson, la gueule barbouillée du sang de son dernier carnage. Hercule banda son arc et tira les trois flèches offertes par Apollon : les projectiles touchèrent leur cible avec précision mais rebondirent sur sa peau épaisse ! Il se saisit alors de son glaive et lui asséna un coup violent, mais la lame se plia comme du fer blanc !

Hercule décida alors de renoncer aux armes qui lui avaient été offertes par les dieux et d'utiliser celle qu'il s'était créée : une massue en bois d'olivier. Dans un grand cri il écrasa sa massue sur le crâne du fauve et la brisa, mais ce coup titanesque ne fit qu'étourdir le lion.

Groggy mais effrayé, le lion se réfugia dans son antre. Hercule comprit qu'il devrait utiliser la ruse et ses propres forces. Alors il le chassa en des cercles concentriques et la bête se réfugia dans sa tanière.

La grotte avait deux ouvertures et dès qu'Hercule rabattait le lion dans l'une, il le voyait sortir par l'autre. Hercule dût bloquer une entrée et chasser le lion par l'autre. Il pénétra dans la grotte. Le fauve bondit et lui coupa un doigt d'un coup de dents. Hercule serra le lion à la gorge jusqu'à ce qu'il meure. Il n'y eut aucun témoin de cette première épreuve, car elle se déroula dans l'obscurité de la grotte.

Après ce combat, il dépeça la dépouille avec les griffes du lion, tranchantes comme du verre, car ni le feu, ni le fer ne pouvaient l'entamer. Puis il revêtit la peau telle une armure invulnérable, se faisant un casque du crâne de lion. (NB c'est la représentation classique d'Hercule, avec ses deux attributs : la massue d'olivier et la peau du lion de Némée sur les épaules). Au retour, il se pressa d'annoncer sa victoire au laboureur et lui demanda de sacrifier sa bête à Zeus, car le jour de sa mort n'était pas encore venu.

Hercule emporta la peau du lion chez le roi à Mycènes. Eurysthée, terrifié par la monstrueuse dépouille de cette bête féroce, et par conséquent par la force déployée par Hercule, lui interdit à jamais l'accès de la ville. Il lui ordonna à l'avenir de déposer le fruit de ses travaux sur le seuil.

Puis Eurysthée donna l'ordre à ses forgerons de fabriquer une amphore d'airain (alliage de plomb et de cuivre) qu'il enfouit dans la terre. Et, à partir de cet épisode, à chaque fois qu'Hercule reviendra, il se réfugiera dans la jarre et enverra ses ordres par la voix de Coprée, son serviteur.

C'est lui qui désormais servira d'intermédiaire entre le roi et Hercule pour lui désigner les 11 autres travaux à accomplir. Dès ce premier épisode, Eurysthée a acquis la réputation d'être le personnage le plus lâche de la mythologie.

Zeus, très fier de l'exploit de son fils créa des étoiles pour commémorer cette première victoire. Et c'est ainsi que naquit la constellation du lion.

<u>Interprétation :</u>

Si l'introduction relate quelques épisodes antérieurs aux douze travaux, c'est pour faire percevoir au lecteur la personnalité d'Hercule. Il est très puissant physiquement et sexuellement, mais c'est aussi un vantard qui se croit invincible. On retrouve ici les apanages de la jeunesse, car n'oublions pas qu'Hercule sort à peine de l'adolescence au début de ses travaux, puisqu'il n'a que dix-huit ans. Les œuvres d'art sont trompeuses, car elles le représentent toujours dans la force de l'âge, à la fin de son parcours initiatique.

Il est donc normal que son tout premier travail ait à voir avec la maîtrise de sa force et l'impact que celle-ci peut avoir sur autrui. Pour preuve de sa bonne volonté, Hercule fait un effort de modestie avec le laboureur : il refuse l'anticipation du sacrifice d'un mouton à sa gloire, et même après avoir vaincu la bête, magnanime, il préfère que le sacrifice soit fait à la gloire de son père.

Avant même la rencontre du lion de Némée, Hercule connaît sa similitude avec le Sphinx.

Mi-homme mi-lion. C'est le premier gardien du seuil, celui qui permet d'entrer sur les parvis du temple. Le sphinx est le signe de l'initiation, il symbolise la prise de conscience de la double nature humaine et Divine.

Dans le langage symbolique de la démarche initiatique, le corps animal renvoie aux instincts, aux pulsions, à l'énergie et à la puissance qui le caractérisent. La tête humaine symbolise l'évolution spirituelle, qui passe par la maîtrise des énergies et notamment la libido.

Le sphinx est coiffé d'un uræus sur le front (comme la coiffure des pharaons). Ce cobra, représente la force vitale (la Kundalini chez les hindous). L'initié ne gaspille plus sa force sexuelle dans la sensualité et les plaisirs, mais il l'utilise à des fins spirituelles, pour entrer en contact avec des principes supérieurs. Il annonce le scorpion zodiacal à suivre, qui doit se transcender dans le sexe, non plus de façon débridée et excessive, mais dans la réalisation d'un grand Tout qui le rapproche de Dieu.

Dans l'épopée de Gilgamesh on trouve déjà cette notion de dualité Homme-Dieu : Enkidu, l'ami qui l'accompagne dans ses premières aventures est le double animal de Gilgamesh. Doté d'une force exceptionnelle et sauvage, « velu de tout le corps et au poil dru comme de l'orge » il faut l'oindre d'huile pour qu'il ressemble à un homme.

A sa mort, Gilgamesh en signe de deuil et de maturité se laissera pousser la barbe et se vêtira d'une peau de lion. Comme Hercule.

On le voit, il y a deux niveaux de compréhension dans le lion, c'est à la fois la force animale incontrôlée, la violence. Cette force primitive, il faut la dompter bien sûr, et faire qu'elle devienne une énergie positive. C'est le premier niveau de lecture que l'on peut faire en se référant à l'arcane XI du Tarot divinatoire : « La Force », où figurent d'ailleurs Hercule et le lion de Némée.

Le lion astrologique est d'un tempérament ardent et débordant de vitalité. C'est un signe solaire associé au chakra du cœur. Dans ce signe zodiacal l'individu, s'il s'inscrit dans une démarche d'évolution, prend conscience de sa destinée et du rôle de guide qu'il est amené à jouer pour l'humanité. Le lion est le signe des rois, et des prophètes. On parle de « Lion de Juda » pour désigner le Christ. Mahomet surnomma Ali, son gendre et cousin : « Asadullah » (Le Lion de Dieu), car il était détenteur des secrets divins.

Que l'épopée d'Hercule commence par le signe zodiacal du Lion n'est pas un hasard. Il va devenir un civilisateur et laisser sa trace dans toute l'Europe, notamment à son retour d'Espagne au rythme lent des bœufs de Géryon.

Mais le lion non évolué est aussi une image de l'orgueil et de l'ego, cette force maléfique « qui blesse, tue et ravage la région », comprenez : « qui ravage notre entourage ».

Les premières tentatives d'Hercule pour atteindre le lion (par les flèches de l'esprit) s'avèrent infructueuses. Trois flèches tirées indiquent la démarche spirituelle d'Hercule. Ça ne suffit pas. Il faut davantage : une volonté personnelle, une discipline, une force intérieure pour accéder à l'humilité, à la simplicité et à la modestie.

Ces trois flèches pour tester la volonté trouvent un écho dans différents rituels. Lors du baptême chrétien, le prêtre demande par trois fois aux parents, au parrain et à la marraine s'ils rejettent le péché, ce qui conduit au mal et à Satan.

De même, lors du Hadj, le pèlerinage à la Mecque, les musulmans lapident symboliquement Satan en trois endroits en signe d'allégeance à Dieu.

Dans un autre registre, lors le rituel d'initiation maçonnique, il est demandé par trois fois à l'impétrant s'il persiste dans sa volonté d'entrer en Maçonnerie et il lui est offert la possibilité d'y renoncer.

Dans ces trois rituels il est question de rite de passage, du renoncement au vieil homme ou à la vieille femme que l'on a été, avant de se transfigurer.

Preuve que cette première épreuve spirituelle est bien intérieure : la symbolique de la grotte à deux ouvertures. Pourquoi personne n'est-il témoin du combat que mène Hercule ? Que représente cette dualité ?

La grotte c'est le corps de l'homme avec sa double nature animale et spirituelle. Ne nous a-t-on pas prévenus qu'Hercule est un demi-Dieu ? On retrouvera cette double entrée et la même symbolique dans les écuries d'Augias.

Le récit d'Hercule chassant le lion de Némée dans la grotte à deux entrées a traversé le temps de façon inattendue pour s'exprimer au travers du proverbe : « chassez le naturel, il revient au galop ». Il s'agit donc bien de changer notre nature profonde, de s'approprier d'autres valeurs et de les faire nôtres.

Il n'y a pas de compromis ni de retour en arrière possible, et c'est pourquoi par exemple les impétrants écrivent un testament philosophique avant d'entrer en Franc-Maçonnerie.

Un autre sens au fait que la grotte ait deux entrées c'est que le travail fait à l'extérieur transforme aussi le chercheur spirituel de l'intérieur. Le travail révèle l'homme à lui-même, il lui permet de dépasser ses limites, d'expérimenter sa capacité de résistance à l'adversité, de se prouver à lui-même sa capacité à affronter les événements.

La souffrance est un sel qui permet la transmutation de l'homme vil : le plomb, en être de lumière : l'or. N'enviez pas ceux à qui tout semble réussir et qui ne manquent de rien, plaignez-les plutôt. Leur vie dorée les fait souvent passer à côté de l'essentiel, de « l'essence du ciel ».

En ce sens, Sénèque considère que l'homme élu se distingue par sa résistance à la souffrance.

Lorsqu'il est allé consulter l'oracle de Delphes, Hercule a lu la maxime de Socrate « Connais-toi toi-même », car elle était inscrite au fronton du temple.

Les cercles concentriques pour rabattre le lion dans sa tanière sont sa réponse et représentent le travail d'introspection et de centration par étapes.

Le doigt coupé est plus difficile à interpréter. Il est une représentation fréquente dans l'art rupestre. Il serait une blessure volontaire ou symbolique (doigt plié) et symboliserait un pacte avec les forces d'en-haut. C'est une alliance scellée dans sa chair, que l'on retrouve dans le rite de la circoncision chez les juifs et les musulmans.

On retrouve la même idée de sacrifice et de renoncement dans la tonsure capillaire des hommes ou dans le port du voile pour les femmes lors des vœux monastiques, dans les traditions chrétiennes et extrême-orientales.

À moins que ce doigt coupé ne soit tout bonnement que l'indice de la violence du combat intérieur.

La bête a la peau si dure qu'Hercule n'arrivera à la découper qu'avec les propres griffes de l'animal, car l'ego ne se laisse guère entamer facilement. C'est en prenant conscience des blessures infligées aux autres que l'on progresse, en prenant conscience du côté acéré des coups de griffe que l'on a pu donner.

Comment ne pas relever que le héros qui a « eu la peau de son ego », fait de son trophée une armure ? C'est une dépouille qui peut encore servir non plus à blesser autrui, mais à se protéger des autres, car le détachement de son propre ego permet aussi de ne plus être blessé par les autres.

Une légende gauloise dit qu'Hercule nettoya la peau sanguinolente du lion dans l'eau de la Méditerranée qui en devint toute rouge, raison pour laquelle on parle désormais de « Golfe du lion ».

Le récit épique nous dit aussi qu'Eurysthée se terra dans une jarre de bronze (d'airain).

Comme vous le savez, le bronze est le métal dont on fait les cloches, et le son est une onde vibratoire. En enterrant son vase et en renonçant à exprimer le son clair du métal dans l'élément air, Eurysthée renonce à rayonner et à manifester ce qu'il est au plus profond de lui-même. Il régresse vers la matrice originelle.

L'enfouissement de la jarre d'airain indique que contrairement à Hercule, Eurysthée ne veut pas prendre de risque. Il évite ainsi la possibilité des échecs, mais forcément aussi celle des victoires.

Eurysthée renonce à toute capacité d'évolution. Il a peur de la vie et évite de grandir. Ce repli sur soi, ce refus de se connaître lui-même se traduit par une psyché souterraine et donc inconsciente, une vibration sourde, comme une cloche emmurée.

Cette peur d'Eurysthée et le rôle de messager de Coprée ont donné son nom à un trouble du développement chez l'enfant : l'encoprésie.

2 La destruction de l'Hydre de Lerne

Le marais de Lerne inspirait de la répugnance à tous ceux qui s'en approchaient. Sa puanteur empoisonnait l'atmosphère à sept lieues à la ronde. L'Hydre était un énorme reptile engendré par Echidna (Comme Typhon son mari, elle était aussi la fille de Gaïa et de Tartare) et fut élevée par Héra.

Selon Apollodore, elle possédait à la naissance une tête immortelle couronnée d'or, qui se dédoubla ensuite pour former toutes les autres (cinq, neuf, cent têtes, ou des centaines selon les versions). Leur haleine était venimeuse. Elle habitait le marais de Lerne, non loin de Némée, et se complaisait dans un trou d'eau stagnante.

Hercule, recouvert de sa peau de lion pour se protéger des morsures, attira la bête hors de son repaire en lui décochant quelques flèches de poix enflammée. L'Hydre de Lerne apparut et fondit sur Hercule, cherchant à enrouler autour de ses pieds son corps reptilien.

Il trancha une première tête, mais à peine était-elle tombée dans l'immonde cloaque, que deux autres repoussaient à sa place. À maintes reprises, Hercule attaqua le monstre déchaîné qui, au lieu de s'affaiblir, devenait plus fort à chaque assaut.

Héra s'amusant de voir qu'Hercule était en difficulté fit sortir de sa cachette un crabe appelé Carcinos (celui qui a donné son nom au carcinome). Agacé par les pincements du crabe, Héraclès l'écrasa du talon. (Puisse l'homme vaincre un jour le cancer avec autant de nonchalance qu'Hercule).

Le combat faisait rage. Débordé par les régénérations de têtes, Hercule sollicita l'aide d'Athéna, qui lui conseilla d'appeler son neveu Lolaos à son secours. Celui-ci enflamma des arbres et se servit des braises pour cautériser les moignons de cous.

Dans une autre version évoquée par Alice Bailey, Hercule vainquit la bête infernale par la ruse. Il s'agenouilla, saisit l'Hydre de ses mains nues et l'éleva dans les airs, l'exposant aux rayons intenses du soleil et au vent purifiant.

Le monstre privé de ses eaux putrides perdit bientôt de son pouvoir maléfique. Ses efforts pour se débattre devinrent peu à peu plus faibles et ce fut la victoire. Les neuf têtes s'affaissèrent et lorsqu'elles furent sans vie, Hercule ne vit plus que le regard de la tête immortelle.

Hercule chercha au fond du marais son glaive, mais il lui avait échappé. Il sortit une serpe d'or cadeau de son père, et il réussit à trancher la tête de l'Hydre. Celle-ci roula sur le côté et Hercule l'enterra au sec sous un rocher tandis que son corps agonisant fut englouti par le marais.

Hercule trempa ses flèches dans le sang empoissonné s'échappant de la tête immortelle de l'Hydre, pour rendre mortels ses futurs tirs. Ce venin sera plus tard à l'origine de sa mort, mais chaque chose en son temps.

Héra qui avait placé le crabe sous les pieds d'Hercule était folle de rage. De son côté Zeus qui avait fourni la serpe d'or, était fier de son fils et créa alors deux constellations, celle du Cancer et celle du Serpent dans le signe du Scorpion. Eurysthée refusa de valider l'exploit, car Hercule s'était fait aider par Athéna pour le réaliser.

<u>Interprétation</u> :

L'Hydre de Lerne est un symbole multiple.

Le monstre marécageux multi-têtes évoque le psychisme et ses démons. C'est une image du passé, cette bête est une représentation des frustrations, des obsessions, de la culpabilité et des remords qui reviennent sans cesse hanter la vie.

Il faut bien se décider à couper ces têtes à un moment donné, car on ne vit pas avec les fantômes du passé. Comme le dit le Christ : « Laissez les morts enterrer les morts » Luc 9-60.
Ces têtes sont aussi le symbole de l'incapacité à se remettre en cause, et de toutes les « bonnes » raisons que l'on se trouve pour remettre à demain le chemin spirituel.

C'est la résistance au changement et l'immobilisme, ce sont les interdits et les limitations que l'on se crée pour se protéger. A l'image d'Eurysthée qui se terre dans son amphore, l'Hydre de Lerne croupit dans son marais.

Comment ne pas penser que l'haleine fétide est une image de la médisance et de la calomnie, car la méchanceté est venimeuse. Par analogie, Hercule doit apprendre à prendre de la distance avec les médisances et modérer ses propos lui-même, à respecter les autres, et à être plus tolérant.

L'Hydre, est aussi le symbole de l'individu qui se disperse et se fourvoie en accumulant les illusions et les erreurs de ses propres pensées (les multiples têtes qui repoussent sans cesse). Elle n'est pas sans rappeler la Bête de l'Apocalypse, symbole des hérésies, des faux dieux et du paganisme.

Hercule doit apprendre à se concentrer et à aller à l'essentiel. Il y a des voies qui peuvent paraître brillantes mais ne sont que des voies sans issue. L'analogie avec le signe du Scorpion est là : dans la mise en danger et les prises de risques auxquelles nos errances intellectuelles nous amènent.

Le natif du Scorpion est capable du plus pur héroïsme comme du pouvoir le plus tyrannique. Il doit faire face à une tempête intérieure où les forces du bien et du mal s'affrontent.

Inutile d'affronter les autres avant d'avoir vaincu ses propres démons. Une fois évolué, le Scorpion positif cherche dans l'union charnelle à se dépasser et à former un Tout plus grand que lui-même dans l'extase physique, qui, il le sent, le rapproche de l'extase mystique.

Cette idée de combat intérieur vers une sexualité sacrée se retrouve dans l'épopée de Gilgamesh. Après avoir vaincu des lions, le roi n'affronte pas une Hydre, mais un homme et une femme-scorpion qui vivent dans le cratère d'un volcan.

Dans la deuxième version du combat, Hercule se met à genoux pour mieux combattre la bête. C'est un signe d'humilité et de repentance comme il l'a appris lors de son combat contre le Lion de Némée.

L'Hydre symbolise nos défauts contre lesquels il faut lutter. Sa tête principale couronnée et éternelle symbolise l'âme gangrénée, car comme vous le savez « l'orgueil est la mère de tous les vices ».

Il est donc juste qu'Hercule la vainque par l'humilité des genoux à terre. Une façon de dire que l'on vainc aussi de cette façon, car on s'élève à s'agenouiller. Je rappelais dans la préface que la constellation d'Hercule s'appelait primitivement « l'homme à genoux », ce qui souligne l'importance de ce travail.

La version de la mort de cette bête malfaisante sous l'action du soleil a sans doute inspiré les écrivains contemporains, en mal de vampires qui se cachent à l'aurore…

Le dictionnaire d'astrologie ésotérique qualifie chacune des neuf têtes. Selon l'auteur, trois de ces têtes symbolisent les appétits associés au sexe, au bien-être physique et à l'argent. Les trois suivantes concerneraient la peur, la haine et la soif du pouvoir. Les trois dernières têtes représenteraient les vices du mental non illuminé : l'orgueil, l'individualisme et la cruauté. Bien sûr le marigot putride est l'image de ce qu'est la vie de celui qui se complaît dans ces neuf vices.

Comment vaincre ce monstre aux têtes multiples ?

Ce qui est diabolique est « ce qui divise », alors que ce qui est symbolique réunit. De fait, Hercule arrive à vaincre l'Hydre quand il comprend qu'il doit traiter l'ensemble des neuf têtes en même temps et non l'une après l'autre. Pour cette deuxième épreuve Hercule doit se montrer radical, ce qui n'est pas sans lui déplaire. « Du passé, faisons table rase » pourrait-on dire, car comme l'a écrit Nietzche : « il est plus facile de renoncer à une passion que de la domestiquer ».

Ce combat est une purification. Son importance est soulignée par la présence des quatre éléments.

L'eau du marais, la terre sur laquelle Hercule s'agenouille, le feu avec lequel il fait sortir l'Hydre de sa cachette ou cautérise les moignons de cous, et l'air sec qui dessèche la bête, ou préserve la tête immortelle sous les cailloux.

On retrouvera ces quatre éléments avec les oiseaux du lac Stymphale. Ils marquent les moments-clés de l'initiation d'Hercule.

Notons aussi qu'en mettant un genou à terre, Hercule puise l'énergie tellurique et utilise l'énergie céleste pour vaincre l'Hydre de Lerne. Il prend conscience de sa verticalité, de sa double nature et de l'axe qui va lui servir à dompter son énergie.

La victoire d'Hercule (vêtu de sa peau de lion, lié à des cultes solaires) sur ce crabe/Cancer symbolise aussi le triomphe du soleil sur la lune, le passage de la nuit au jour, du soleil de l'esprit asséchant le marécage des passions terrestres. Pour preuve, on retrouve le crabe (ou l'écrevisse) sur l'arcane XVIII du Tarot, La Lune.

Cette lumière solaire se retrouve dans l'or de la serpe, que Zeus a donné à Hercule pour couper la tête originelle et éternelle. C'est Pline l'Ancien qui a décrit le rite de la cueillette du gui à l'aide d'une faucille d'or. C'est une première allusion au druidisme, et il y en aura d'autres.

Le fer a un caractère violent. Dans l'antiquité il était utilisé pour la forge des armes, et donc pour le sacrifice humain.

L'or, lui, ne coupe pas puisque c'est un métal mou. Notez que l'on ne parle pas d'une hache en or pour décapiter l'Hydre.

Hercule utilise une serpe d'or dont le croissant représente l'union du Soleil et de la Lune, les deux astres majeurs influant sur la vie et qui déterminent aussi les cycles et les saisons.

L'usage de cette faucille symbolique est donc d'effectuer une récolte avec le plus grand soin et non pas de détruire la vie.

On vous l'a dit, la tête est éternelle, et comme maintenant elle est vidée de son sang venimeux, on comprend mieux pourquoi elle est ceinte d'une couronne d'or.

C'est le serpent des origines qui communique la connaissance du bien et du mal, celui qui a proposé à Adam et Eve de croquer la pomme, les faisant chuter dans la matière de l'incarnation.

L'Hydre est à l'image de la double nature d'Hercule, dont l'âme est la tête immortelle, mais dont le sang est humain et mortel. Il échappe un temps à la mort terrestre, mais sera rattrapé par sa condition de demi-Dieu.

3 La capture de la biche du mont Cérynie

Eurysthée demanda ensuite à Hercule de capturer un animal, moins effrayant que le Lion de Némée ou l'Hydre de Lerne, mais tout aussi extraordinaire : une biche étrangement dotée de cornes d'or et de sabots d'airain. Elle appartenait à l'attelage de la déesse Artémis qui lui précisa que l'animal sacré ne devait être ni blessé, ni tué par le héros.

Suivant le désir d'Eurysthée, Hercule poursuivit la biche pendant toute une année, apercevant parfois sa silhouette avant qu'elle ne disparaisse dans la profondeur des bois. Il poursuivit l'animal jusqu'au pays des Hyperboréens (c'est-à-dire au-delà de l'Ukraine).

Arrivée sous cette latitude, la biche fit demi-tour et repartit vers le sud. Elle finit par s'épuiser et avant de traverser la rivière Ladon, se reposa près d'un étang. Hercule la trouva endormie, étendue sur un tapis d'herbe fraîche.

C'est à ce moment-là qu'Hercule lui décocha une flèche entre l'os et le tendon de la patte en prenant soin de choisir une flèche qui n'était pas empoisonnée par le sang de l'hydre. Conformément aux recommandations d'Artémis, il immobilisa la biche sans qu'une goutte de sang ne fût versée.

Hercule vint tout près d'elle et la serra dans ses bras, tout contre son cœur. Du haut des Cieux, Artémis et Apollon l'observaient.

Hercule chargea l'animal sur ses épaules, et traversa l'Arcadie pour se rendre chez Eurysthée. En chemin, il entendit la voix de la blonde Artémis et celle d'Apollon qui revendiquaient tous deux la possession de la biche.

Finalement, Artémis autorisa Hercule à emmener la biche à Mycènes à condition qu'il la relâche ensuite et ne lui fasse aucun mal. Hercule amena donc la biche au roi qui l'enferma dans une cage. Le lendemain, à la plus grande stupeur d'Eurysthée, la biche avait disparu.

Interprétation :

Par son apparence fragile et gracieuse, son caractère facilement effarouché, la petite biche nous fait immédiatement penser à la sensibilité, cette parcelle de féminité qui existe en tout homme.

La sensibilité est associée au signe astrologique du Cancer et à la Lune, parce que l'astre de la nuit commande les mouvements des marées et évoque les cycles féminins.

On l'a vu, l'arcane XVIII du tarot figure à la fois l'astre de la nuit et Carcinos, le crabe jeté par Héra sous les pieds d'Hercule. Les personnes nées sous le signe du Cancer sont hypersensibles et leur timidité est symbolisée par le crabe qui se cache.

Est-ce un paradoxe qu'Hercule écrase le crabe mais prenne la biche dans ses bras ? Peut-être faut-il comprendre là qu'il ne faut pas confondre sensibilité et sensiblerie, prendre l'aspect positif et rejeter l'aspect négatif.

Le natif du signe du Cancer est attaché à la transmission de ses connaissances et de l'univers qu'il a créé. Mais il doit s'efforcer de vivre dans le présent et éviter de s'attacher trop à son passé, ou de craindre l'avenir. La démarche latérale du crabe est là pour lui rappeler qu'il doit profiter de l'instant présent. Il doit aussi se forger une carapace afin de se détacher des choses de ce monde et des blessures que les sarcasmes d'autrui pourraient lui occasionner.

Le travail patient d'Hercule pendant un an, qu'il doit recommencer plusieurs fois, montre que tout comme la biche, notre sensibilité doit être apprivoisée et non combattue. C'est le travail le plus délicat et le plus subtil réussi par Hercule, et cela mérite d'être souligné : sans violence ! Hercule fait preuve de patience et d'efforts infinis pour marier la finesse de sa sensibilité (la biche) avec sa force virile.

Que les Grecs aient associé la beauté et la sensibilité à l'Hyperborée n'est pas surprenant. Léto, la mère d'Apollon est native de ce pays fantasmé où le soleil ne se couche pas (sans doute suite au récit d'un explorateur grec faisant l'expérience de l'été boréal). Les grecs pensaient, et c'est pourtant antinomique, qu'Apollon y passait l'hiver pour y jouir d'un soleil permanent et ne revenir qu'au printemps.

Par ailleurs l'Hyperborée est un lieu mythique où l'on situe l'origine ésotérique de l'homme, les fameux aryens. Ce lieu légendaire aurait existé avant la Lémurie, Mû et l'Atlantide, autres mythes avec lesquels je prends personnellement beaucoup de recul, tant les commentaires les plus farfelus circulent à leur propos.

La distance parcourue en un an par la biche est d'environ 2 000 km et autant en retour. C'est l'équivalent de notre plus contemporain chemin de Compostelle. Et le temps de retraite consacré à l'emprunt de ce chemin est aussi une introspection qui permet de trouver son centre. « Connais-toi toi-même » a lu Hercule sur le Temple de Delphes avant de s'engager dans la démarche initiatique.

Le deuxième niveau de compréhension de la capture de la biche de Cérynie a trait aux énergies subtiles. Les cornes dorées sont des symboles de sagesse, et le signe que la biche est reliée aux énergies cosmiques représentées par Artémis, déesse de la Lune, et Apollon le Dieu Solaire.

Les sabots métalliques sont des symboles de force et les conducteurs des énergies telluriques.

Je ne peux développer ici toutes les notions liées au tellurisme, et je préfère renvoyer le lecteur qui souhaite développer cette recherche sur un livre de Georges Prat : « l'architecture invisible », que l'on peut télécharger gratuitement sur le site de l'auteur, hélas décédé, mais géré par ses héritiers.

C'est aussi une allusion aux différents âges de l'évolution humaine : l'âge de fer, l'âge de cuivre, l'âge de bronze, l'âge d'argent et l'âge d'or (CF l'œuvre de Robert Emmanuel : « Réconciliation avec la vie » ou « Plein feu sur la Grèce antique »).

On a évoqué avec la serpe d'or du marais de Lerne, l'idée que la maitrise de chacun des métaux correspond à un état d'avancement culturel et spirituel.

Accéder à l'âge d'or (ou le retrouver suivant la conception de Pierre Teilhard de Chardin) s'accompagne de l'idée de péché originel et de chute dans la matière dont il faut se défaire pour remonter à l'état spirituel.

C'est par l'effort et le travail sur soi que l'on peut retrouver l'état primordial d'unicité avec l'état divin et spirituel, que l'on peut retrouver le paradis perdu. Certains l'imagine comme une parousie et attendent le retour du Christ d'un second âge d'or.

Dans l'Hindouisme cet état primordial est appelé « l'œuf du monde » ou « l'embryon d'or », germe primordial de la lumière cosmique. On trouve le même symbolisme dans les oursins fossiles des Celtes, que les druides honoraient d'après Pline en lançant en l'air des nœuds de vipère.

Le troisième niveau de lecture est relatif aux forces qui s'expriment au travers d'Artémis et Apollon : l'instinct et l'intuition. Ils se disputent la possession de la biche, car l'une et l'autre ont besoin de la biche comme « conductrice » des énergies qu'ils dirigent. Cela signifie que l'on ne prend conscience, et qu'on ne perçoit ces énergies que par le développement de sa sensibilité.

Artémis, la grecque (ou Diane la romaine) est la déesse de la Lune et symbolise l'instinct. Elle est la protectrice des jeunes enfants, des égarés, des étrangers et des esclaves en fuite qu'elle guide dans la nuit. Artémis, encore appelée « la radiante » est celle qui éclaire la route aux carrefours de la vie.

De son coté, Apollon le Dieu solaire, symbolise l'intuition. Il est le dieu des arts et le conducteur des neuf muses. C'est surtout l'un des principaux dieux capables de divination, c'est lui qu'Hercule est venu consulter à Delphes au travers des oracles de la Pythie. Il est à noter que les romains ont adopté son culte sans modifier son nom et lui élevèrent des temples dès le V° siècle av. J.-C.

Le défi d'Hercule (et donc du chercheur spirituel) est de passer de l'instinct à l'intuition.

Il ne peut employer judicieusement son intellect tant que cette transmutation n'est pas faite.

Il doit accéder à toutes les disciplines auxquelles Apollon donne accès : esthétique, arts, subtilités des fluides invisibles qui font aussi d'Apollon un dieu guérisseur des maux psychosomatiques. Au final, il lui faut atteindre un niveau de sensibilité auquel son éducation devait le préparer mais qui est contraire à sa nature instinctive. Rappelons-nous qu'il a tué son professeur de musique…

Hercule a maîtrisé la biche, il a pris la lune dans ses bras. La maîtrise de son intuition ouvre à Hercule un nouveau domaine de conscience. Il devient conscient du monde des contacts physiques et des réalités spirituelles parallèles que ni l'instinct ni l'intellect ne pouvaient lui révéler.

L'intuition est une conquête personnelle. Au matin la biche s'est enfuie, car l'intuition ne peut rester captive d'un autre. A fortiori d'Eurysthée, qui ne s'expose à aucun danger et par conséquent à aucune conquête. Il pense s'approprier les victoires d'Hercule, mais leur gloire en revient à son héros. Eurysthée recroquevillé dans son amphore est inaccessible aux subtilités solaires d'Apollon.

Hercule en prenant possession de la biche était déjà bien conscient de sa conception Divine.
Avec la biche, il réalise que sa sensibilité va le mener bien plus loin que son orgueil adolescent le pensait.

Il s'agit désormais de puissance spirituelle et non plus temporelle, comme il l'avait imaginé en espérant devenir roi. Il découvre en lui des énergies jusqu'alors inconnues : intuition, magnétisme au carrefour des énergies telluriques et cosmiques.

4 La capture du sanglier d'Erymanthe

Eurysthée demanda ensuite à Hercule de lui apporter ce sanglier monstrueux qui ravageait l'Arcadie, et notamment la ville d'Erymanthe.

Pour le préparer à cette mission, Apollon lui avait offert un arc tout neuf, mais Hercule péremptoire lui avait déclaré : « Je ne m'en servirai pas, par crainte de tuer ». Apollon lui recommanda aussi de ne pas oublier de se nourrir sur la route d'Erymanthe.

Écoutant son conseil, Hercule rendit visite en chemin à son ami le centaure Pholos.

Une fois à table, notre héros aperçut un gigantesque tonneau de vin, propriété commune de tous les centaures. Préférant la promesse de ce nectar aux mets les plus appétissants, Hercule convainquit Pholos de percer le tonneau. S'appropriant le bien de la collectivité, les deux convives commencèrent à boire.

Or, c'est à ce moment précis que les autres centaures, attirés par l'odeur du vin, revinrent au logis et apparurent en masse, furieux contre le profanateur. Ils décidèrent de le tuer.

Pour se défendre Hercule lança aveuglement ses flèches empoisonnées et tua tous ses assaillants. Malheureusement Hercule atteint aussi Chiron son professeur de médecine.

Chiron réputé pour sa grande sagesse et ses nombreuses connaissances était immortel et n'avait pas pris part à la bataille. Mais comme il n'en pouvait plus de souffrir de la brulure du sang de l'hydre de Lerne, il préféra demander la mort aux dieux au bout de neuf jours.

Ceux-ci accédèrent à sa requête après qu'il eut légué son immortalité à Prométhée. Son nom a traversé les siècles en devenant l'origine du mot chirurgien.

De son côté Pholos alors qu'il donnait une sépulture aux centaures morts, laissa tomber une flèche arrachée au corps de l'un d'eux, se blessa et en mourut.

Ainsi périrent les deux seuls centaures à la fois bons et sages de la mythologie grecque. En leur mémoire, Zeus créa la constellation du Sagittaire ou du centaure selon les versions.

Malgré sa déclaration d'intention à Apollon, Hercule avait tué abondement et jusqu'à ses deux amis.

Après ce triste épisode, Hercule reprit la chasse au sanglier et escalada le mont Erymanthe en pleine saison des neiges.

Il ne parvint à faire sortir le monstrueux animal qu'en poussant de terribles cris. Il pourchassa le sanglier pendant plusieurs jours jusqu'aux neiges éternelles.

Petit à petit la bête s'épuisa et c'est le moment que choisit Hercule pour l'attirer dans une profonde cavité qu'il avait préalablement remplie de neige. L'animal tomba dans le piège et notre héros se jeta alors sur lui et le maîtrisa à mains nues.

Puis Hercule redescendit en le tenant par les pattes de derrière. Lorsqu'il arriva à Mycènes, il fut accueilli par les rires et les plaisanteries graveleuses, compte tenu de la position équivoque des deux protagonistes.

Eurysthée terrifié par la bête féroce se cacha à nouveau dans son amphore de bronze.

Interprétation :

Une fois de plus la symbolique se cache à plusieurs niveaux. J'en vois au moins cinq.

La première interprétation donne une connotation sexuelle à cet épisode, évidente dans la version grecque, mais moins dans la version latine. Les rires et les plaisanteries à l'arrivée d'Hercule le soulignent.

Au début de l'épreuve, Hercule rend visite à Pholos. Les centaures sont des créatures mi-homme – mi-cheval jouissant d'une grande puissance, mais qui s'en servent à des fins négatives et égoïstes. Ils symbolisent l'homme qui n'a pas achevé son évolution, est encore l'esclave de ses passions et de ses bas instincts.

L'amour des centaures est destructeur, car il n'est pas éclairé par l'intelligence.

Si on excepte Pholos et Chiron, qui sont évolués, les centaures sont des êtres concupiscents. Souvent en état d'ivresse, ils sont connus pour avoir abusé de toutes les femmes présentes à un banquet de mariage et d'avoir tenté de violer la vierge Atalante, la seule femme argonaute. (Nous aborderons l'épopée de Jason et la toison d'or au cinquième travail d'Hercule).

On comprend dans ce récit que dans un premier temps Hercule régresse à leur niveau en s'enivrant. Il fait preuve d'égoïsme en perçant le tonneau commun.

Au final, ivre il ne sait plus ce qu'il fait, oublie sa promesse de ne pas se servir de son arc et finalement tue amis et ennemis.

Bien qu'ayant capturé la biche de Cérynie, Hercule se confronte à sa nature impulsive profonde. C'est en maîtrisant ses pulsions qu'Hercule va progresser, car il y a différentes façons de pratiquer l'acte sexuel. Souvenez-vous de la capture de la biche de Cérynie et de ses trois témoins qui la revendiquent :

- On peut s'accoupler comme des animaux et n'écouter que son instinct, sous l'influence d'Artémis, déesse de la lune. L'autre n'est qu'un objet. C'est le sens des rires et des plaisanteries paillardes que profère le peuple à son arrivée à Mycènes.

- On peut aussi faire l'amour comme des hommes, sous l'influence de l'intellect. L'autre devient un(e) partenaire. On peut éprouver beaucoup de plaisir, mais en ignorer le sens, ne pas avoir conscience du caractère sacré de l'acte.

- Et enfin on peut aussi faire l'Amour comme des Dieux, et suivre l'intuition que confère Apollon. Il s'agit alors de prendre conscience de l'énergie subtile que l'on a au bout des doigts, des lèvres, dans le souffle, et ainsi se rapprocher de la magie des pratiques tantriques.

Tout est dit dans le récit : le sanglier est chassé jusque dans les neiges éternelles, celles qui évoquent traditionnellement la plus haute élévation spirituelle et les plus purs sentiments.

Le piège d'Hercule est une cavité tapissée de neige, c'est-à-dire une parcelle de cette perfection. Cela voudrait-il dire que lorsque l'on vit une extase physique, on touche en réalité à une parcelle de l'extase mystique ?

Et de fait, n'avez-vous jamais ressenti lors de l'orgasme, le sentiment de faire partie d'un grand tout, hors du temps et de l'espace ? L'impression de ne plus être un homme ou une femme, mais « l'Homme » ou « la Femme ». Cette fusion érotique est évoquée dans les écrits égyptiens comme les noces d'Isis et d'Osiris (CF les métamorphoses d'Ovide) et dans bien d'autres textes orientaux.

Puisque nous étions dans les sommets de l'extase, restons-y. Existe-t-il un plaisir supérieur à celui qui vient d'être évoqué ?

Assurément, c'est celui de se dire que l'on conçoit un enfant, que l'on fait partie du grand tout et que l'on permet à une âme de s'incarner.

Cette idée de trésor érotique se retrouve aussi dans l'épopée de Gilgamesh. Après avoir vaincu l'homme et la femme-scorpion, Gilgamesh grimpe une montagne où il découvre le jardin des gemmes, sorte de paradis où les arbres portent des pierres précieuses.

Siduri, le gardien des lieux lui déclarera qu'il n'y a pas de vie après la mort et l'invitera à profiter de la vie terrestre.

Ce qui n'empêchera pas le héros mésopotamien de continuer sa quête au-delà de « la grande mer ».

Pour le deuxième niveau d'interprétation du sanglier, il faut faire appel au « langage des oiseaux ». Le sanglier, c'est le « sang lié ». C'est un lien inaltérable qui traverse le temps. C'est ce lien qui donne et transmet la vie.

Le « sang lié » entre amants évoque aussi les anciens rites qui nécessitaient que l'on fasse un holocauste, que l'on offre du sang pour sceller une alliance avec Dieu.

Quand, lors d'un mariage, un prêtre cite le Christ dans Marc 10-1/12 : « ne séparez pas ce que Dieu a uni », parle-t-il des époux ou de leurs enfants ?

Ce qu'il y a de plus précieux, est-ce le lien du mariage, ou la transmission de la vie ? Le fruit de l'amour ?

Venons-en au troisième niveau de compréhension qui est en rapport avec le signe zodiacal associé à cet épisode. La Balance astrologique n'est représentée ni par un symbole humain, ni par un symbole animal. Elle présente la figure de la Justice, une femme aux yeux bandés, aveugle aux choses objectives, mais avec une vue intérieure divine.

Elle est représentée dans l'arcane VIII du Tarot : « La Justice ». Le natif de la Balance est à la recherche du juste équilibre entre les choses terrestres et les choses spirituelles, c'est aussi le signe d'attraction vers le non-moi. Les natifs de la Balance sont souvent à la recherche d'un compromis qui permet à chacun de s'épanouir.

Pour comprendre le lien, je fais appel à vos souvenirs d'enfance. Qui n'a pas fait une « course de brouette » ? Souvenez-vous de la sensation : quand vous étiez sur les bras, et que l'on vous poussait plus vite que vous ne pouviez avancer, ou au contraire quand vous teniez les jambes de votre complice et qu'il n'avançait pas dans la direction que vous vouliez... Drôle d'équipage en vérité, qui ne fonctionne qu'en équilibrant les forces.

A l'inverse des centaures qui sont dotés d'une petite tête pour un grand corps, l'arrivée victorieuse mais cependant grotesque d'Hercule symbolise sa maitrise.

Maintenant son âme a pris le dessus sur son corps encore maladroit et le dirige. Il a trouvé, le juste équilibre du corps et de l'esprit symbolisé par la Balance.

Comme beaucoup d'autres mystiques chrétiens, Saint François d'Assise au début de sa vie parlait de son corps en disant « mon frère l'âne » et lui infligeait toutes sortes de tourments.

Ce n'est qu'à la fin de sa vie qu'il comprit que le corps en tant que véhicule avait une place de choix dans le chemin spirituel, et devait être respecté comme un temple.

Ce rejet du corps est une constante dans les religions juive et catholique, vécu comme l'objet de la chute originelle d'Adam et Eve chassés du paradis. Rien à voir avec la culture extrême orientale qui fait du corps l'instrument privilégié de l'éveil. Sur ce sujet il existe de nombreux livres. Citons entre autres un ouvrage généraliste qui évoque les grandes religions : « Techniques de méditation et pratiques d'éveil » de Marc de Smedt.

Quatrième niveau de compréhension de cette épreuve d'Hercule : le sanglier est très proche de l'élément terre et exprime la nature sauvage, et dangereuse. C'est un symbole complexe, qui s'inscrit dans de nombreuses traditions.

Si le porc évoque la soumission et le tempérament libidineux, le sanglier, quant à lui, symbolise la liberté et exprime une grande force vitale, celle des énergies telluriques.

C'est la deuxième allusion au druidisme après la serpe d'or du marais de l'Hydre. Il est le symbole de l'invincibilité, et de la classe sacerdotale dans le druidisme, à cause du rapport étroit qu'ils entretiennent tous les deux avec la forêt. Le sanglier se nourrit de glands de chênes, quand le druide en cueille le gui fort rare (l'ONF ne dénombre en France que dix chênes à gui).

Cinquième et dernière interprétation, le sanglier est une métamorphose d'Apollon, le dieu soleil. Dans une autre version latine, Hercule ramène le sanglier non pas devant lui en le tenant par les pattes arrière, mais sur ses épaules. Le sens est sensiblement différent. Tout comme saint Christophe portant le Christ, Hercule devient alors un porte lumière. Il est une partie de cette lumière, atteinte dans l'immaculée blancheur des cimes enneigées.

Erymanthe signifie « choisi par tirage au sort ». Les grecs considéraient que le hasard était la manifestation des dieux. Ainsi Hercule n'est pas tiré au hasard mais élu des dieux pour accéder à la sagesse d'Apollon.

Les celtes voyaient dans le sanglier une manifestation de Lug, le dieu de la lumière. Les romains récupérèrent les lieux dédiés à Lug comme Lugdunum (Lyon) pour honorer ce dieu Celte mais d'autres furent transformés en lieu de culte à Mercure.

Plus tard on christianisa le Dieu Mercure en St Michel, et il est amusant de noter que l'on célèbre la fête de la lumière à Lyon, le 8 décembre, mais cette fois pour honorer la Vierge.

En maitrisant le sanglier, Hercule s'approprie la science druidique qu'il fait sienne. La capture du sanglier se fait sur le mont Erymanthe enneigé. Or en Druidisme on fête l'Imbolc qui signifie « la lustration », aux alentours du 1er février.

Les romains se sont approprié cette fête qu'ils ont appelées « lupercales », c'est un rite de purification qui marque la fin de la période hivernale. Cette fête évoque l'éveil, le printemps, le temps de la régénération. Elle annonce l'épreuve suivante : le nettoyage des écuries d'Augias.

5 Le nettoyage des écuries d'Augias

Pour sa cinquième épreuve, Eurysthée voulu humilier Hercule, et lui demanda de se rendre au royaume d'Augias, au nord-ouest du Péloponnèse. Hercule connaissait bien Augias qui était le fils d'Hélios le dieu du Soleil (ou de Poséidon, Dieu de la mer, suivant les versions). Mais surtout Augias était comme lui, l'un des cinquante argonautes dont l'aventure est relatée par Homère dans l'Odyssée.

Phrixos qui s'était enfui du royaume d'Iolcos sur le dos d'un bélier divin mourut en Colchide (actuelle Géorgie) « là où les rayons du soleil sont enfermés dans une chambre d'or » écrit Homère.

L'oracle de Delphes avait précisé que le royaume d'Iolcos ne serait prospère que le jour où le fantôme de Phrixos lui serait ramené avec la dépouille du bélier. La tombe de Phrixos ne serait pas dure à trouver, elle était marquée par la toison d'or du bélier sacré, suspendue à un arbre. Cependant elle serait dure à conquérir car la toison était gardée par un dragon toujours éveillé.

Jason (qui avait été élevé par le centaure Chiron) fut chargé de ramener la dépouille de Phrixos en échange du trône d'Iolcos. Jason et ses cinquante camarades affrétèrent un bateau qu'il nomma Argo.

Pendant quatre mois ils connurent maintes péripéties, et les héros victorieux regagnèrent leur pays par un itinéraire fantasque passant de la Turquie à l'Adriatique, et même jusqu'au Rhône en remontant le Pô.

L'équipage se confronta aux terribles Charybde et Scylla, les puissants courants marins orientés en sens contraire dans le détroit entre Messine et la Sicile, avant d'approcher de l'Ile d'Aea (peut-être Djerba) où les sirènes tentèrent de les séduire et firent enfin un crochet par la Crête. Finalement de retour à Iolcos, la toison d'or fut transformée en constellation céleste et placée au firmament par Athéna.

Hercule avait quitté l'aventure des argonautes avant terme, car il avait cassé son aviron, tellement il ramait avec vigueur. Il n'avait pas revu Augias depuis cette épopée.

Augias régnait sur son royaume et possédait des étables, où étaient enfermés plus de trois mille bœufs. Celles-ci n'avaient pas été nettoyées depuis trente ans.

Quand Hercule approcha de son royaume, une horrible puanteur l'assaillit. Les pâturages eux-mêmes étaient tellement recouverts du fumier que plus rien n'y poussait.

Augias était soupçonneux et lui déclara : " Hercule, tu veux me prendre mon trône !

Si en un seul jour tu nettoies mes écuries, un dixième de mon troupeau de bœufs sera à toi. Mais si tu échoues, ta vie et ton destin seront entre mes mains."

Hercule quitta alors le roi, erra dans la campagne, et vit passer une charrette pleine de cadavres victimes de la pestilence. Il remarqua la présence de deux rivières, l'Alphée et le Pénée, et la solution à son problème jaillit dans son esprit.

Notre héros ouvrit des brèches dans le mur des étables, puis il détourna le fleuve Alphée dont il fit passer les eaux purifiantes et tumultueuses au travers des écuries. Il reboucha ensuite les brèches : étables et prairies étaient redevenues propres et saines.

Quand Hercule, très satisfait du résultat, retourna vers Augias, celui-ci se montra ingrat. "Ce sont les rivières qui ont fait le travail et non pas toi. C'est une ruse pour me prendre mon troupeau, un complot contre mon trône. Hercule, tu n'auras pas de récompense ! Va-t'en, avant que je ne te tue."

Irrité, Hercule leva alors une armée, tua Augias et ses fils, sauf un qui prit le parti d'Hercule, et qu'il plaça sur le trône, en guise de récompense.

Eurysthée ne valida pas cet exploit car Hercule s'était fait payer un tribut par Augias.

<u>Interprétation</u> :

Ce n'est pas un hasard si cette cinquième épreuve d'Hercule trouve son dénouement avec l'utilisation d'un fleuve, et fait avec Augias une référence à la toison d'or.

L'interprétation que l'on peut donner de cette toison légendaire est en rapport avec un usage industriel de l'époque. En effet, la toison de mouton était utilisée par les orpailleurs pour fixer les paillettes et pépites d'or soulevées dans les sites aurifères.

Or Homère nous précise que l'Argo fit escale à l'embouchure du fleuve Phase. Cet antique dieu était un enfant d'eau et de feu qui après avoir tué sa mère se jeta par remord et périt dans le fleuve qui prit son nom. Le fleuve n'est peut-être pas constitué uniquement d'eau mais aussi d'un fluide d'une autre nature à mettre en rapport avec le pays mythique décrit par Homère.

Il nous parle en effet d'un pays « où les rayons du soleil sont enfermés dans une chambre d'or ». Il s'agit bien de conquérir la sagesse en remontant à la source du fleuve de la connaissance et à l'origine de la lumière. En un mot découvrir l'Ortus des romains.

En fait quel que soit l'épopée, tous les mythes racontent la même histoire : comment accéder à l'initiation suprême, l'élévation spirituelle absolue du mystère de la vie.

Cette toison toute parée d'or peut être vue comme une allusion à l'aura des grands sages, des saints et des prophètes. Mais lors de cette première épopée, Hercule la grosse brute n'a pas encore accompli ses douze travaux et n'a pas su aller jusqu'au bout du voyage des argonautes. Ce n'est donc pas lui le héros de la Toison d'Or.

En ce qui concerne l'itinéraire retour de Jason, il ressemble à un dépliant touristique valorisant l'expansion maritime de la Grèce antique, énumérant les connaissances géographiques de ce peuple de navigateurs marchands et vantant le courage et la témérité de ses marins. Il n'y a aucune cohérence à passer par le Rhône pour rentrer de Géorgie ! Il est probable que cette partie du récit n'ait pas de signification ésotérique, mais soit une extension poétique postérieure qui permet de citer les cinquante Cités Etat dont sont originaires les cinquante argonautes.

Je laisse le lecteur se faire une idée de ce que sont ces terribles sirènes naufrageuses de marins.

Revenons à notre fleuve hygiéniste pour la deuxième symbolique. La légende dit que le jeune Alphée fou d'amour poursuivait la nymphe Aréthuse de ses assiduités. Elle appela à son secours Artémis, qui pour calmer les ardeurs d'Alphée, transforma l'un en fleuve et l'autre en fontaine.

Alphée disparut dans les profondeurs de la terre, puis sous la mer.

Il épousa secrètement Aréthuse et mêla ses eaux tumultueuses à celles plus placides de sa bien-aimée. Et de fait la fontaine d'Aréthuse est une résurgence abondante d'eau douce du fleuve Alphée sur l'ile d'Ortygie.

Alphée symbolise donc tout à la fois la résurgence de la vie, l'amour qui vainc tous les obstacles et l'eau purificatrice. C'est pourquoi le nettoyage des écuries d'Augias est associé au signe astral du Verseau. Il est représenté par Ganymède qui porte un vase renversé duquel sortent deux flux, celui de la connaissance et celui de la vie, celui de l'eau et celui du feu, l'un féminin, l'autre masculin.

Ce signe du Verseau est évoqué après qu'Hercule ait porté alternativement sur ses épaules et dans ses bras l'image du soleil et de la lune symbolisés par le sanglier d'Erymanthe et la biche de Cérynie.

C'est ce signe zodiacal qui est figuré sur l'arcane XIV du Tarot : Tempérance. On peut rencontrer la même idée dans le message de Saint Jean-Baptiste, qui déclara lors du baptême du Christ : « moi je vous baptise d'eau, mais lui vous baptisera par le feu de l'Esprit ». Le double flux du signe du verseau fait référence « aux eaux d'en haut et aux eaux d'en bas ». (CF Genèse 1).

En d'autres termes : remonter à la source, qui est la quête ultime de l'homme, c'est bien rechercher « les rayons du soleil d'une chambre d'or ».

Il s'agit bien de transmuter l'homme vil (le plomb) en un être divin (l'or).

Hercule après avoir affronté quatre animaux monstrueux correspondant chacun à l'un des quatre éléments (Hydre/eau, Biche/air, Sanglier/terre, Lion/feu) affronte pour la première fois un humain.

On peut s'étonner qu'Augias, qui est censé avoir atteint un haut niveau de spiritualité en ayant conquis la toison d'or, soit devenu un roi pitoyable qui laisse mourir ses sujets du fait de ses paresseuses négligences. Cela fait écho à la première épitre aux Corinthiens 13-2 : « Et quand j'aurais le don de prophétie, la science de tous les mystères et toute la connaissance, quand j'aurais même toute la foi jusqu'à transporter des montagnes, si je n'ai pas l'amour, je ne suis rien ».

Hercule en détournant le fleuve Alphée de son lit, c'est-à-dire en réinsufflant de l'amour dans ce lieu putride, rétablit l'équilibre nécessaire à la vie des sujets d'Augias. Mais il ne peut rien pour la faillite spirituelle de son compagnon argonaute.

Le troisième niveau de compréhension est en rapport avec la réaction d'Augias à l'issue de la performance d'Hercule.

Celui-ci a accepté le travail le plus ingrat qui soit : évacuer des excréments, un travail que personne avant lui n'avait osé engager. Et pourtant, Augias ne tient pas sa promesse et menace même Hercule de le tuer.

L'initié qui avance sur le chemin ne doit pas s'attendre à être récompensé pour l'amour qu'il manifeste. Il doit travailler dans l'abnégation, pour le bien des autres. Le bonheur ne se définit plus alors comme l'absence de souffrance, mais par la découverte de valeurs transcendantales, la satisfaction d'avoir œuvré anonymement pour le bien d'autrui.

C'est la signification du premier acte d'Hercule : ouvrir des brèches. Il s'agit d'élargir notre pensée, de sortir de notre petit univers sclérosé. Hercule perce une brèche afin de « perce-voir ». Il s'agit là d'une vision toute spirituelle que donne le recul de l'élévation.

C'est d'ailleurs pour cette raison que le récit évoque des écuries et non des étables. Le cheval est le symbole de la pensée libre par opposition à la lourdeur des bœufs qui symbolisent la puissance de travail, mais qui ne savent pas sortir du sillon qu'on leur fait tracer. Hercule en ouvrant une brèche dans les écuries offre aux habitants du royaume d'Augias et à leur roi lui-même la possibilité de se libérer de leur joug.

En poursuivant dans cette logique d'ingratitude d'Augias, le troisième niveau de compréhension est qu'il faut rester prudent. Ainsi le proverbe suivant lequel « il ne faut pas donner de perles aux cochons » prend tout son sens.

La preuve en est qu'Augias l'argonaute n'a pas fait profiter son peuple de ses connaissances.

Il est intéressant de noter que dans ce travail d'Hercule, cette fois ce n'est pas l'animal qui est un monstre, mais l'homme Augias, qui ne craint pas de laisser mourir ses sujets par son incurie.

On pourrait craindre que rien ne change dans le royaume de cet « indécrottable » Augias, puisqu'il chasse Hercule après l'épreuve. Et c'est pourquoi Hercule lui règle son compte.

On retrouve cette idée dans la parole du Christ : « la lumière luit dans les ténèbres et les ténèbres ne l'ont pas reçue », Jean 1-5. En d'autres termes, ne perdons pas de temps avec ceux qui restent sourds à l'appel de l'Esprit.

La quatrième interprétation que je vous propose est en rapport avec le flux aquatique et non plus symbolique de l'Amour et de l'Esprit. Dans les écuries dans lesquelles Hercule perce une brèche, on retrouve la symbolique de la caverne à deux entrées du lion de Némée : le corps humain. Dans cette cinquième épreuve je vois la purification du corps par le jeûne, l'absorption d'eau, les lavements.

C'est la maxime de la Renaissance, reprise plus tard par le Baron Pierre de Coubertin qui résume le mieux ce travail d'Hercule : Anima Sana In Corpore Sano (un esprit sain dans un corps sain).

Il n'y a pas de démarche spirituelle sans hygiène et respect du corps, notre véhicule terrestre. Le fumier représente les déchets et toxines dont il faut s'apurer. Une fois notre corps débarrassé de ce qui l'embolisait, l'énergie peut circuler.

Le cinquième niveau de compréhension, c'est justement le prolongement de l'idée de jeûne : la nécessité d'un apurement vibratoire. Ce sont les mauvaises pensées, les mauvais sentiments qui viennent polluer notre esprit. Ces basses vibrations ont à voir avec les rancunes et les ressentiments.

C'est important d'être à jour de ce que l'on veut dire à ses proches, ou à ceux qui nous sont chers, de leur exprimer notre ressenti pour lever les incompréhensions, car comme vous le savez : parfois « le ressenti ment ».

Cela nous amène à la sixième et dernière symbolique qui porte sur le chiffre 3 : 3000 bœufs dans les étables, 30 ans de fumier. La récompense promise par Augias est de 300 bœufs sur 3000. Il s'agit pour Hercule de trouver en lui la puissance de la triade, sa part de 3, c'est à dire retrouver en lui la part de dieu.

On peut remarquer à nouveau un clin d'œil au druidisme, qui comptait par « trente centaines », et dont le siècle comptait trente années.

Pour approfondir la notion de symbolique ternaire, je vous conseille la lecture de « La grande Triade » de René Guénon.

6 L'élimination des oiseaux du lac Stymphale

Pour sa sixième épreuve, Eurysthée ordonna au héros d'exterminer la nuée d'oiseaux qui terrorisait la région de Stymphale, et même toute l'Arcadie. Ces échassiers avaient des serres, le bec et les ailes faits d'airain, quant à leurs plumes elles étaient en bronze ce qui provoquait d'infinis dégâts quand la multitude prenait son envol.

Au long de son trajet Hercule constata les dommages provoqués par les attaques incessantes des oiseaux : non seulement les récoltes étaient souillées par leurs fientes, mais surtout les victimes se comptaient par centaines.

Voyant Hercule arriver, trois oiseaux fondirent sur lui. Il se défendit avec sa lourde massue, et frappa l'un d'eux fortement sur le dos, deux plumes tombèrent et s'enfoncèrent dans la boue. Puis les oiseaux se retirèrent.

Hercule parvint finalement aux bords du lac Stymphale, mais la colonie d'oiseaux se trouvait de l'autre côté du lac. Comment traverser ? Alors apparut la déesse Athéna qui lui tendit deux cymbales de bronze et disparut aussi vite qu'elle était venue.

Dans certaines versions on parle de castagnettes, mais ces instruments de musique sont peu en rapport avec la force virile de notre héros.

Il les fixa les cymbales à ses mains, grimpa sur une petite colline et commença à les entrechoquer dans un vacarme « à tout casser ».

Le bruit des cymbales forgées par Héphaïstos, provoqua rapidement un vent de panique chez les volatiles qui sortirent de leur cachette dans un grondement indescriptible. La nuée obscurcit rapidement le soleil. Hercule profita de ce moment pour s'armer de son arc et tirer des centaines de flèches. Les oiseaux tombèrent un par un sous les coups du héros et s'écrasèrent au sol jusqu'au dernier.

Acclamé par toute l'Arcadie, notre héros reprit le chemin de Mycènes. Eurysthée dût reconnaître son exploit puisqu'il avait été appuyé par Athéna en personne.

Interprétation :

Il y a deux étapes dans cette épreuve, la victoire sur les oiseaux destructeurs qui empêchent la lumière de se manifester, et ce qui n'est pas dit : l'accès d'Hercule au lac et à l'image du ciel qui s'y reflète.
C'est pourquoi le lac Stymphale était un des lieux de culte à Artémis, la déesse de la Lune. La Lune n'étant que le reflet du soleil.

Le caquetage des oiseaux de Stymphale manifeste un premier niveau de symbolisme du sixième travail d'Hercule. On appelle une rumeur un bruit, et ces oiseaux en font beaucoup.

Leurs becs et leurs pattes griffues évoquent le mal que peuvent faire les propos acerbes.

On ne peut faire aboutir une démarche spirituelle, sans limiter ses paroles. Le Lion–Sphinx de Némée est au début du chemin d'Hercule pour signifier ce premier enseignement. Puis comme une piqure de rappel avec Augias, Hercule a constaté qu'il ne faut pas disperser son énergie à convaincre celui qui n'a pas entamé une recherche spirituelle. Inutile de parler à ceux qui ne sauraient que douter et persifler.

Les oiseaux bruyants de Stymphale sont le troisième signe sur le chemin d'Hercule l'invitant à rechercher le silence.

Le Sagittaire auquel cette épreuve est associée à cause des flèches tirées par Hercule est d'ailleurs appelé "le signe du silence". Le natif du Sagittaire est un être puissant par son silence, mais aussi parce qu'il est le signe de la concentration vers sa cible : le centre de la Voie Lactée, notre galaxie, siège mythologique de l'Olympe.

Il est pourtant paradoxal de noter dans ce signe des capacités à prêcher, à convaincre, à manier l'art oratoire. C'est que le Sagittaire ne parle pas pour ne rien dire. Le Sagittaire est un être à la recherche d'un idéal élevé, d'un univers élargi, qui aime se retrouver dans la nature, seule à pouvoir combler sa soif d'absolu.

Sa représentation zodiacale est à relier bien sûr avec l'épisode précédent chez les centaures. Le cheval des centaures évoque la liberté de penser.

L'arc et les flèches évoquent eux la rapidité de penser et de tirer des conclusions. On parle d'un « trait de flèche » et ne dit-on pas lorsque l'on a une pensée fulgurante : « cela m'est venu d'un trait » ?

Le deuxième niveau de compréhension plus ésotérique est de comprendre qui sont ces trois oiseaux qui viennent au-devant d'Hercule. On nous dit qu'il s'agit d'échassiers tout au plus. Des cigognes ? Les cigognes sont un signe de renouveau et d'éveil comme dans la vision de Zacharie 5-9.

Chez les druides on considère que les oiseaux sont la manifestation des femmes décédées, devenues messagères des Dieux. Comme dans la légende de Cuchulainn à qui apparaissent deux cygnes qui l'invitent à rencontrer Fand, l'épouse du Dieu Manannan. (CF : « Les Druides » de Françoise Roux et Christian-Jacques Guyonvarc'h.

Peut-être faut-il considérer que les trois oiseaux qui viennent au-devant d'Hercule n'avaient pas besoin d'être nommés, car le lecteur antique savait les identifier de suite.

Je formule l'hypothèse que ces trois oiseaux sont en fait les Harpies, ces divinités de la dévastation et de la vengeance divine.

Plus rapides que le vent, invulnérables, caquetantes, elles dévorent tout sur leur passage, ne laissant derrière elles que leurs excréments. Cela correspond bien à la description qui nous en est faite à Stymphale.

Selon Hésiode, ces « chiennes de Zeus » ont un corps ailé d'oiseau et une tête de femme ; elles volent les âmes des enfants. Virgile les situe à l'entrée des enfers avec d'autres monstres. Elles se nomment : Aello qui veut dire « bourrasque », Ocypète qui veut dire « vole vite » et Podarge qui veut dire « pieds légers » que l'on appelle aussi Céléno qui veut dire « l'obscure ».

Les harpies sont les deuxièmes gardiennes du seuil auxquelles est confronté Hercule après le sphinx-lion. C'est donc qu'il est en train de passer une étape importante de son parcours initiatique, et que nous sommes à une période charnière du récit. Les cinq premières épreuves constituent l'œuvre au noir des alchimistes, Hercule l'apprenti a travaillé sur lui-même pour s'améliorer et il est en quelque sorte mis à l'épreuve pour savoir s'il peut accéder au grade de compagnon.

Hercule ne doit pas laisser éclater sa joie, et laisser paraître quoi que ce soit de la réussite de cette première étape de son évolution spirituelle.

Pourquoi Hercule frappe-t-il le volatile ? Parce qu'il doit vaincre les gardiennes du seuil, bien sûr, mais aussi pour éviter qu'elles ne donnent l'alerte et déchaînent les forces hostiles que sont les oiseaux.

Le coté maléfique de ces oiseaux est souligné par les deux plumes qui vont se planter dans la boue. Or la plume est la représentation traditionnelle de la légèreté, un attribut donné aux anges messagers pour signifier la rapidité de leur réponse et la subtilité de leur présence. La pesanteur de ces plumes d'airain pourrait signifier la pesanteur des pensées malsaines, la lourdeur des concepts dogmatiques in-interrogeables, la densité des certitudes terrestres, l'inhumanité de la règle et des lois humaines appliquées sans discernement et à la lettre.

On peut donc penser que l'épreuve est double. Hercule doit prendre conscience de sa propre aliénation mentale et s'en libérer. Il doit aussi résister aux pressions exercées par l'extérieur et avoir la distance suffisante pour ne pas s'exclure lui-même : respecter les lois humaines, mais préférer les lois divines, c'est-à-dire accepter les ordres d'Eurysthée pour satisfaire au vœu qu'il a fait devant la pythie de Delphes de se racheter auprès des Dieux.

Récapitulons le parcours initiatique d'Hercule. Avec le lion de Némée il a dû renoncer à son ego, avec l'Hydre de Lerne il a dû dépasser ses démons personnels, avec la biche de Cérynie il a dû développer sa sensibilité, avec le sanglier d'Erymanthe il a maitrisé ses instincts et fait place à son âme, et avec les écuries d'Augias il a appris à respecter son corps et a été invité à garder le silence sur ce qu'il va découvrir. Il a bien travaillé sur lui-même.

Les francs-maçons disent qu'il a taillé sa pierre brute. Il va maintenant pouvoir polir « la pierre à 16 cotés ».

Les oiseaux de Stymphale introduisent l'œuvre au blanc.

Hercule est tout à coup confronté à la réalité des mondes subtils.

Comme dans le combat contre l'Hydre, on retrouve les quatre éléments de l'initiation traditionnelle : la terre sur laquelle est assis Hercule, le feu avec lequel Héphaïstos a forgé les cymbales, l'air qui porte les oiseaux et l'eau du lac Stymphale.

Après sa confrontation aux gardiennes du seuil c'est le deuxième signe du récit qui attire notre attention sur la signification particulière de cette épreuve. Dans quel sens faut-il chercher ? La réponse est dans le lac, qui est aussi un miroir.

Le mythe de Narcisse relate que ce très beau jeune homme suscitait la passion. Parmi ses amoureuses se trouvait la nymphe Echo qu'il repoussa brutalement.

De dépit, elle se laissa dépérir, au point que seule le son de sa voix subsista à la façon que l'on connait. Narcisse fut puni par les Dieux et finit par tomber amoureux de son image. Il se noya en voulant trop s'approcher de son reflet dans l'eau. C'est du moins ce que dit la légende.

Etre d'une sublime beauté en mythologie, on l'a vu dans le préambule, c'est avoir une âme pure. Narcisse qui dédaigne les femmes est un ascète devenu clairvoyant, qui ne tombe pas amoureux de sa propre image, mais de celle de Dieu.

Narcisse a été initié et vient de découvrir Dionysos en lui. Dionysos veut d'ailleurs dire « deuxième naissance ».

Quant à l'écho il est le reflet de l'amour terrestre qui s'estompe progressivement et de façon inversement proportionnelle, de l'amour divin qui doit résonner et pénétrer en nous dans un double mouvement, comme une respiration.

Narcisse comme Ganymède est ravi au ciel car jugé digne de l'être. La jolie fleur qui porte son nom depuis, pointe à la fin de l'hiver, perce parfois la neige immaculée et exprime par sa couleur la lumière que Narcisse a rejoint.

Il y a dans l'onde aquatique et dans l'onde vibratoire du son une similitude. D'ailleurs on utilise souvent l'image du ricochet pour expliquer aux enfants ce qu'est une onde invisible. Alors comme avec le jeu de la brouette évoquée avec l'épreuve du sanglier d'Erymanthe, faisons encore appel à nos souvenirs d'enfance.

Quel enfant n'a pas mis deux miroirs en conjonction ? Alors apparait un monde féérique, un couloir infini d'images qui se répondent en écho. Contrairement aux cercles du ricochet, Il est impossible de compter le nombre de fois où se reflète notre image.

Cette superposition de plans qui trouve une explication sur le plan physique illustre aussi une réalité spirituelle.

Ce que l'on fait sur le plan terrestre a des conséquences sur d'autres plans. Rien de ce que fait l'homme n'échappe au grand livre de la vie, et nos actes engendrent un karma positif ou négatif.

Ce concept religieux que l'on considère aujourd'hui comme oriental était déjà connu au moment de la rédaction du mythe d'Hercule, car l'Hindouisme est l'une des plus vieilles religions du monde.

Le ciel se reflétant dans le miroir d'eau du lac Stymphale symbolise cette mémoire universelle qui trouve son corolaire dans la loi de réincarnation.

En voyant ce lac Stymphale, c'est à cela que s'est confronté Hercule. Il prend conscience de ce qu'il y a de l'autre côté du miroir. Hercule accède à un monde supérieur qu'il n'avait jamais imaginé.

Un monde de reflets où les actions du présent corrigent celles du passé et sont promesses d'avenir. Un monde où les pensées et les prières agissent dans des univers parallèles invisibles aux profanes.

Un monde où quelques siècles plus tard, Le Petit Prince aurait pu l'accueillir en lui disant : « On ne voit bien qu'avec le cœur, l'essentiel est invisible pour les yeux ».

Une fois les oiseaux du lac chassés, dont l'ombre empêchait de voir le ciel, Hercule peut se voir dans le miroir qui comme pour Narcisse lui révèle l'existence de ses corps subtils.

Ce sixième travail d'Hercule clôt ses aventures dans la péninsule du Péloponnèse, car à partir de ce moment, tel un compagnon il va parcourir le monde méditerranéen dans sa totalité.

L'œuvre au blanc se poursuit dans son septième travail, Hercule découvre que les contraires s'attirent et se complètent. C'est ce que va nous compter la capture du taureau de Crête.

7 la capture du taureau de crête

Minos, roi mythique de la Crète possédait un splendide taureau blanc. Poséidon, oncle d'Hercule, le lui avait offert. Il était sacré, mais était devenu furieux. Il lançait des flammes par les naseaux, détruisait les récoltes et brûlait les champs.

Pasiphaé, l'épouse de Minos avait pris le taureau pour amant et engendré un monstre, le Minotaure, au corps d'homme et à la tête de taureau. Minos l'enferma dans le labyrinthe construit par Dédale afin que nul ne découvre son existence.

Eurysthée demanda à Hercule de lui amener le taureau sur le continent. Il partit donc pour la Crète, et fouilla l'île, jusqu'à ce qu'il l'eut enfin trouvé. Dès qu'Hercule vit l'animal, il fonça sur lui, l'empoigna par les cornes et le força à plier les jarrets, il sortit victorieux de ce combat et maîtrisa l'animal.

Dans une autre version Hercule attrapa le taureau grâce à un filet à grosses mailles. Puis, il monta le taureau comme un cheval, lui fit traverser l'ile et les eaux qui séparent la Crète du continent et l'amena dans la cité des Cyclopes.

Ces Cyclopes étaient des êtres qui n'avaient qu'un œil au milieu du front. Hercule fut accueilli par Brontès, Stéropès et Argès, les trois cyclopes, à qui il remit le taureau sacré.

<u>Interprétation :</u>

Le premier niveau de compréhension un peu trop facile, consiste à dire qu'Hercule a triomphé de ses désirs et de ses passions, en les maintenant enserrés dans un filet. Notons que le filet a de grosses mailles. Il laisse passer ce qui est maîtrisé mais retient ce qui ne l'est pas.

Cette septième épreuve est bien sûr associée au signe du taureau et à l'arcane de l'Empereur dans le Tarot. Il représente l'inscription dans le continuum de la vie, le cycle des générations.

Le signe du taureau en astrologie est celui de la bonne chère et des plaisirs terrestres. On peut donc en déduire que cette épreuve serait celle de la tempérance : de tout, mais avec modération. Trop simple !

Alors quelle est la signification cachée de cette septième épreuve ? Le labyrinthe ne fait pas partie des travaux d'Hercule, mais il nous met sur la voie.

En effet le natif du signe du Taureau est attaché à la notion de permanence, à tout ce qui le ramène à la terre qui est son élément.

C'est un être fidèle toujours volontaire et endurant, qui peine toutefois à s'adapter au changement car il est très attaché au passé et à la tradition. Son défi est de se détacher des biens et des affections qui le retiennent en ce monde, afin de s'ouvrir à l'autre.

Le labyrinthe est le symbole de l'homme qui n'écoute pas son âme, s'égare et s'enferme volontairement. La langue des oiseaux met en garde sur le risque du repli sur soi : « l'enfer-me-ment ». Sans son âme pour le guider, l'homme se retrouve vite en enfer, confronté à sa nature instinctive, et faisant fi de son intuition évoquée avec la capture de la biche de Cérynie.

Notons que ce n'est pas le taureau de Minos qui est enfermé dans le labyrinthe (dont on dit qu'il est sacré) mais le fruit de ses amours avec Pasiphaé : le Minotaure qui symbolise l'homme bestial par excellence, son double astral. Sur ce sujet consulter « L'univers secret des labyrinthes » de Paul de Saint Hilaire.

Si le message spirituel ne se trouve pas dans la référence au labyrinthe, plusieurs détails laissent à penser que la signification cachée pourrait se trouver dans la couleur du taureau et la nature des cyclopes.

En chevauchant le taureau de Crête, Hercule fait corps avec lui. Or le taureau crache le feu comme un dragon. C'est donc bien le signe qu'il s'agit d'une énergie à maîtriser, celle qui crée la vie à partir des opposés : des pôles positif et négatif, soi et non soi, mâle et femelle. Le taureau symbolise la loi d'attraction, la force magnétique à l'origine de « La Manifestation ». Le principe de la vie.

Le taureau de Minos est blanc. On retrouve la symbolique traditionnelle de la pureté alliée à un animal réputé pour sa grande puissance.

En marque de respect, Hercule ne tue pas le taureau comme il a tué successivement le lion de Némée, l'Hydre de Lerne et les oiseaux de Stymphale, mais comme pour le sanglier d'Erymanthe et la biche de Cérynie, Hercule maîtrise l'animal et le ramène à des témoins.

On retrouve la blancheur de la neige du mont Erymanthe pour le sanglier et la poursuite de la biche jusqu'en Hyperborée, également pays de neige.

Dans l'épopée de Gilgamesh, après plusieurs épreuves qui l'ont progressivement illuminé, le héros refuse de se donner à la déesse Ishtar. Pour le punir elle demande à son père divin de lâcher le taureau céleste. Contrairement à Hercule qui le dompte, Gilgamesh tue le taureau en lui enfonçant une dague sur l'échine. En représailles Hishtar fera mourir son ami et double-animal Enkidu, rappelant ainsi à Gilgamesh qu'il n'est qu'un mortel.

C'est cette similitude entre les deux épopées qui éclaire sur la nature de l'énergie, et sur le canal utilisé pour se révéler.

Dompter le taureau blanc c'est accéder à l'énergie de la Kundalini. Gilgamesh ne l'a pas compris et a stoppé cette remontée parce qu'il n'a pas su la maitriser. La dague sur l'échine du taureau porte un coup fatal à son illumination. Au final il rentrera chez lui amer, sans accéder à la vie éternelle.

Cette notion de combat contre le taureau blanc a traversé le temps. On peut noter que les courses landaises ou camarguaises consistent pour les raseteurs à attraper une cocarde entre les cornes du taureau (blanc). Plus que de démontrer leur virilité à affronter la force du taureau, il s'agit pour les raseteurs de faire preuve d'adresse et d'intelligence. Leur centre d'intérêt sur le taureau est le chakra coronal, celui de l'illumination. Le taureau blanc n'est jamais mis à mort. Il s'agit pour les raseteurs de démontrer leur habileté à l'affronter, et inconsciemment à s'approprier et sublimer sa sagesse, sa force positive éternelle.

Il n'en n'est pas de même avec l'autre version de la tauromachie, qui elle aussi est une survivance de rites antiques. Elle voit s'affronter la force obscure, sauvage et animale d'un taureau de combat (noir forcément) à un homme qui représente l'intelligence et le mental illuminé, dont l'habit est qualifié « de lumière ». A chacun d'apprécier si le spectacle de cette mise à mort animale est la meilleure façon de représenter la victoire des forces du bien sur celles du mal.

Le deuxième niveau de compréhension se trouve dans l'origine des cyclopes. Ils naquirent les premiers de l'union de Gaïa, la terre mère et d'Ouranos, le ciel. Ils furent bientôt suivis des 12 titans et des 3 Hécatonchires (des monstres à 50 têtes et 100 bras symbolisant leur omnipotence).

Aussi grands que des montagnes, les cyclopes possèdent une force fabuleuse. Pour canaliser leur énergie primordiale, ils furent emprisonnés par Zeus sous les volcans, dont le cratère évoque l'œil unique.

La mythologie précise que ce sont eux qui fabriquent les éclairs dont Zeus se sert pour punir les hommes. Belle observation : on sait que les éruptions de volcans gris provoquent des éclairs par friction de particules. A noter aussi que l'on parle pour les plus grands cataclysmes d'évènements cyclopéens.

Les Cyclopes ainsi domptés par le maître de l'Olympe évoluèrent ensuite vers le don généreux de leur personne. On connait la fertilité des sols volcaniques et la douceur de vivre aux abords d'un volcan.

Brontès signifie le tonnerre, le verbe créateur, le Père qui parle, le 1er logos. Stéropès signifie la foudre, la lumière du fils, le 2ème logos.

Argès signifie l'activité tourbillonnante. Le cyclone avec son œil unique est lui aussi une représentation de la force cyclopéenne duquel il a tiré son nom. Mais le tourbillon symbolise aussi l'âme humaine, la manifestation sur le plan physique, le 3ème logos.

Cette description évoque pour les croyants des religions du Livre l'action des Trônes, ces anges qui sont avec les Chérubins et les Séraphins au sommet de la hiérarchie céleste.

On peut pour approfondir ce sujet se référer au livre du Père Serge Bonino, directeur de l'école thomiste (de St Thomas d'Aquin) : « Les anges et les démons ».

On peut remarquer qu'Hercule ne ramène pas le taureau à Eurysthée mais aux cyclopes. En confiant le taureau aux trois cyclopes, Hercule fait allégeance aux forces spirituelles toutes puissantes, de la triade souveraine.

Les cyclopes sont au sommet de la hiérarchie céleste, ils donnent accès au mystère de la vie et permettent de remonter l'histoire jusqu'à l'origine du monde. C'est à eux qu'Hercule rend des comptes, c'est avec eux qu'il entre en contact, car Eurysthée n'est plus en mesure de comprendre ni de percevoir la nature des travaux d'Hercule. Il est resté à de trop basses vibrations.

Dans l'épreuve des oiseaux de Stymphale, Hercule a découvert l'existence des univers parallèles. La rencontre des cyclopes indique qu'il a passé une étape supplémentaire et expérimenté lui-même cette vision spirituelle que donne l'ouverture du troisième œil.

Cet œil est évoqué par le Christ lorsqu'il dit : « Vous êtes la lumière du monde » (…) « La lumière du corps est l'Œil. Si ton Œil est unique, tout ton corps sera rempli de lumière ; mais quand ton œil est le Mal, ton corps sera dans les ténèbres ». Luc 34

Les 9 portes (yeux, narines, oreilles, bouche, sexe, anus) conduisent au monde des sens, le troisième œil est la 10° porte, celle du monde intérieur.

C'est celle qui donne aussi une dimension spirituelle au regard que l'on porte sur autrui.

C'est la glande pinéale (en forme de pomme de pin) qui commanderait le sentiment de réminiscence, l'intuition et d'autres phénomènes classés paranormaux.

Selon certains auteurs, elle pourrait être l'organe à l'origine de la clairvoyance (voyance d'événements non encore advenus), de la capacité à entrer en contact avec d'autres dimensions (médiumnité) et de la télépathie (communication au moyen de la pensée).

Or, où se trouve cette glande pinéale ? Juste au-dessus de la vertèbre sommitale appelée Atlas, du nom de l'atlante qui soutient le monde… Nous reviendrons sur la symbolique mythologique d'Atlas avec le jardin des Hespérides.

Le troisième sens caché se trouve dans le ciel. Aldébaran est une géante rouge et l'étoile la plus brillante de la constellation du signe du taureau. Elle était appelée l'œil de Dieu par les babyloniens.

L'œil du Taureau symbolise la flamme qui brille dans l'œil de l'initié.

Trois constellations figurent aussi dans ce signe : Orion, Auriga et Eridan.

-Orion est un chasseur dont l'histoire est contée dans l'Odyssée d'Homère. Privé injustement de la vue, il marcha droit vers l'est, guidé par un enfant et retrouva miraculeusement la lumière. Son nom même signifie « la lumière ».

Orion est l'image de l'homme profane ignorant les lois de Dieu, guidé par son âme innocente jusqu'à la révélation de sa propre nature divine et le recouvrement de la vue spirituelle. Deux étoiles remarquables siègent dans la constellation d'Orion : Bételgeuse et Rigel, dont nous allons reparler dans l'épreuve suivante.

-Auriga signifie « le cocher » à l'image d'Hercule chevauchant le taureau.

-Eridan symbolise la rivière de la vie qui amène les âmes en incarnation depuis les temps premiers.

Ces trois constellations nous précisent bien le sens secret du taureau blanc. Cet animal puissant et sacré est une représentation terrestre de la force vitale.

C'est la loi d'attraction entre homme et femme qui permet de nouvelles incarnations grâce à leur inscription dans le phénomène de génération.

Rappelons-nous la citation de Pierre Teilhard de Chardin citée en préambule : « Nous ne sommes pas des êtres humains vivant une expérience spirituelle, nous sommes des êtres spirituels vivant une expérience humaine. »

C'est paradoxalement grâce à cette force dynamique et cyclique que l'homme responsable de l'incarnation et donc de la chute dans la matière, peut espérer retrouver son statut spirituel.

Le taureau de Crête est une force blanche, positive, mais toutes les forces ne le sont pas. Les forces obscures, c'est ce que nous compte le huitième travail d'Hercule.

8 La capture des juments de Diomède

Pour son huitième travail, Eurysthée ordonna à Hercule de subtiliser les juments carnivores de Diomède. Ce fils d'Arès dieu de la guerre (Mars), gouvernait la Thrace (territoire à cheval sur les actuelles Bulgarie, Grèce et Turquie). Il élevait des chevaux pour la guerre et possédait quatre « cavales noires ». Elles vomissaient le feu et Diomède les nourrissait avec les étrangers que la tempête rejetait sur ses côtes.

Eurysthée qui voulait conquérir la Thrace autorisa notre héros à dresser une armée pour vaincre les barbares. Hercule demanda l'aide de son amant, l'écuyer Abdéros, fils du dieu Hermès. Celui-ci prépara une armada, mais Hercule qui avait le mal de mer préféra partir seul à pied.

En chemin il fit une halte chez son ami Admète le souverain de Thessalie (un argonaute selon certains auteurs).

Zeus s'apprêtait à rappeler à lui Admète et lui annonça que son seul sursis serait de trouver une belle âme qui accepterait de mourir à sa place.

Après le refus de ses vieux parents et de ses meilleurs amis, il s'en alla trouver son épouse Alceste, qui n'hésita pas à se sacrifier par amour pour lui et mourût à l'instant dans ses bras.

Hercule arriva peu de temps après la mort d'Alceste. Ignorant tout de ce deuil, il s'enivra et fit la fête, ce qui choqua la cour d'Admète. Lorsqu'il apprit la vérité, envahi de remords il chercha à se repentir.

Le lendemain matin, de retour à son palais, le roi Admète découvrit Hercule en compagnie d'Alceste qu'il était allé chercher dans l'Hadès (le monde des morts) et qu'il avait ramenée dans la nuit.

Puis Hercule reprit le chemin de la Thrace. Avec Abderos, ils suivirent les chevaux, les encerclèrent dans un champ et les capturèrent. Il confia les juments à son écuyer, tandis qu'il partait affronter les troupes de Diomède pour le faire prisonnier.

Mais, à son retour il s'aperçut qu'Abdéros avait été dévoré par les juments. Fou de colère et de chagrin, Hercule jeta le cruel Diomède en pâture aux équidés. Avant de repartir pour Mycènes, il fonda en l'honneur de son ami la cité d'Abdéra (Abdère).

Il rapporta les juments à Eurysthée parce qu'il disposait du mors d'Athéna. Eurysthée les conduisit à l'Olympe où elles furent dévorées à leur tour par des bêtes sauvages.

Interprétation :

La première interprétation est suggérée par le fait qu'Hercule affronte des juments et non des étalons.

Cette allusion machiste serait que les femmes dévorent les hommes qui ne peuvent renoncer au sexe, à un moment donné de la démarche spirituelle. Amusant de constater que la faute reviendrait aux juments et non aux cavaliers qui succombent.

Facile, puisqu'il est vrai que dans la mythologie, le pouvoir, l'or et la femme (objet de luxure) sont gravés sur la roche tarpéienne, comme autant d'obstacles à vaincre pour accéder au sommet.

Il faut noter que dans le sexisme grec, il n'est jamais envisagé qu'une femme monte la roche tarpéienne, sinon pour elle ce serait les hommes qui devraient être là pour la perdre.

Quel paradoxe de découvrir la dimension spirituelle de l'acte d'amour en capturant le sanglier d'Erymanthe et de devoir y renoncer en capturant les juments carnassières !

C'est pourtant le sens du mors d'Athéna, qui ne s'applique pas aux chevaux, mais aux humains en quête de leur propre divinité.

Le mors d'Athéna est celui que le chercheur spirituel doit passer à son corps astral inférieur afin de le dompter. Lorsque le corps astral est libéré des basses vibrations, il brille comme de l'or au soleil.

Cette aura de lumière n'est rien d'autre que la Toison d'Or.

Certains ne peuvent ni maîtriser leur taureau blanc, ni user du mors d'Athéna. Mais chacun avance à son propre rythme, l'un permet à l'autre de s'incarner et si tous les humains maîtrisaient leurs pulsions dès leur plus jeune âge, il n'y aurait plus d'incarnation possible.

Les étrangers naufragés dans les tempêtes de la vie sont une image des plus faibles, qu'Hercule doit apprendre à respecter.

La deuxième interprétation plus ésotérique est en rapport avec le symbolisme du cheval qui représente l'activité intellectuelle. Les juments indiquent l'aspect féminin du mental, la création des formes-pensées : destructrices lorsqu'elles viennent du mental inférieur, mais constructives et salvatrices lorsqu'elles viennent de l'âme.

Précisément les juments carnivores sont associées au signe zodiacal du Bélier. Les natifs de ce signe vivent dans le présent et sont des leaders positifs, des créateurs à la recherche de l'innovation et du progrès. Ils développent une forte combativité du fait de la planète Mars qui leur est associée.

Tout est dit dans la couleur de la robe des juments. Hercule ne doit pas combattre des juments blanches, mais noires.

Le cheval blanc symbolise le mental illuminé de l'homme spirituel. On le retrouve dans l'Apocalypse de Jean, où le Christ monte un cheval blanc.

De même le char solaire d'Apollon est tiré par des chevaux blancs.

Dans le roman de Lewis Wallace, Ben Hur conduit son char, tiré par un quadrige de chevaux blancs qui portent les noms suivant : Antarès (étoile du scorpion), Altaïr (étoile de l'aigle), Aldébaran (étoile du taureau) et Rigel (étoile bleue d'Orion, la 6° plus brillante du ciel).

L'acronyme AARA correspond aux initiales « Alchimia of Ancient Royal Art », c'est-à-dire en français :« Alchimie de l'Ancien Art Royal ». Ce clin d'œil de l'auteur est une signature cryptée au fait que Lewis Wallace était franc-maçon.

Ben Hur est une sorte de mythe d'Hercule christianisé et popularisé par le livre, mais surtout par le péplum à grand spectacle de 1959.

On notera au passage que la célébrissime course de chars dans le cirque se fait de façon lévogyre (en sens inverse des aiguilles d'une montre). Cette course à rebours souligne que Ben Hur est à la recherche de ses origines (Charlton Heston à l'écran) et cette recherche de la lumière lui permet de gagner sur le méchant Messala qui pilote un char tiré par quatre chevaux…noirs (forcément !).

Comme Ben Hur, Hercule combat un quadrige de chevaux noirs.

Ils symbolisent le mental inférieur, les forces du mal et la magie noire, le quatre reflétant quant à lui la matérialité humaine.

Arrivé à ce stade de connaissances spirituelles, Hercule comprend qu'il pourrait utiliser ses pouvoirs à des fins égoïstes et mauvaises pour autrui, mais qu'il doit renoncer à cette force maléfique.

Rappelons-nous qu'il a fait ce choix précocement, en tuant les serpents qu'Héra avait jetés dans son berceau.

Comme pour Hercule confronté aux cavales noires, la figure du mal sous ses différents aspects est aussi une épreuve et un test de la foi du chercheur spirituel. Il ne faut pas oublier que le Satan de la Bible n'est pas l'égal de Dieu. Il n'est qu'une créature comme les autres, soumise à Dieu. En vouloir à Satan de nos malheurs évite de transgresser un interdit en s'adressant à Dieu lui-même pour lui reprocher d'être testé. CF « le livre de Job » dans la Bible.

On peut noter l'actualité de cette réflexion théologique qui a amené le Pape à modifier l'avant dernière phrase du texte du Notre Père. « Ne nous soumets pas à la tentation » est devenu « ne nous laisse pas entrer en tentation ».

On retrouve l'idée de polarité des couleurs de chevaux dans l'arcane VII du Tarot : Le chariot. C'est le triomphe de celui qui utilise positivement son mental pour aider les autres, en maîtrisant les énergies contraires.

La lame de tarot montre un prince sur son char, sans rênes, car il est désormais aidé par les forces d'en haut. Ce n'est plus lui qui pilote, il est guidé.

La troisième interprétation que je vous propose est en rapport avec Abdéros. Le récit nous dit qu'il est écuyer, donc qualifié pour tenir les juments. Que se passe-t-il exactement en l'absence d'Hercule ?

Abdéros est-il trop faible ? En d'autres termes, succombe-t-il à l'envie de pouvoir et à ses sirènes ? Chute-t-il dans la magie noire ?

A-t-il libéré une force qu'il ne peut contrôler ? s'est-il confronté à l'énergie du taureau blanc sans s'y être préparé ?

Est-il victime de ce mystérieux phénomène que l'on appelle l'auto-combustion puisque ne dit-on pas « être dévoré par les flammes » ? Certains pensent qu'une montée soudaine de la Kundalini sans y être préparé pourrait conduire à cela.

 Etymologiquement le mot « Séraphins » veut dire « les ardents, les brulants ». Ces anges de feu l'ont il atteint ? Est-ce le sort réservé aux impurs, ceux qui cherchent à avoir des pouvoirs paranormaux sans avoir de nobles intentions ? Hercule est-il devant un nouveau seuil à franchir, où des gardiens ailés veillent et protègent le Saint des Saints ?

Avant d'arriver à cette hypothèse, j'ai été frappé de la proximité du nom d'Abdéros, avec l'albédo, terme alchimique qui signifie l'œuvre au blanc.

Or entre l'œuvre au blanc et l'œuvre au rouge se trouve l'œuvre au jaune, moins connue.

De quoi s'agit-il ?

D'une épuration supplémentaire. La mort d'Abdéros symbolise peut-être cette épuration.

Hercule doit renoncer à un être cher et il doit désormais avancer seul. Seul face à lui-même, seul face à Dieu.

Dans le préambule je rappelais que les amours des dieux de l'Olympe sont souvent allégoriques, en prenant l'exemple de Zeus enlevant Ganymède.

De la même façon, peut-être faut-il comprendre qu'Hercule doit se séparer de ceux qui ne sont pas dans la même noblesse d'âme que lui. Abdéros n'est que son écuyer et non pas un Argonaute par exemple. A moins qu'Abdéros ne soit qu'une part d'Hercule et symbolise la dernière trace des défauts humains dont Hercule doit se défaire.

Que les cavales soient dévorées à leur tour, indique que leur rôle de gardiennes du seuil est accompli et qu'elles ne sont plus d'aucune utilité. Elles périssent comme elles ont vécu, dans une sorte de « happy end », où le bien triomphe toujours du mal.

Dans une autre version elles redeviennent clémentes après avoir dévoré leur maitre Diomède.

On peut s'étonner que ce ne soit pas Hercule qui les mette à mort. C'est que le cheval était un animal sacré pour les peuples antiques symbolisant la pensée, comme on l'a vu.

Hercule ne peut pas anéantir la pensée, fut-elle mauvaise.

Par contre selon la loi du karma, une mauvaise pensée en nourrit une autre en retour.

Les cavales meurent de ce qu'elles ont engendré.

Enfin revenons à la résurrection d'Alceste dont Hercule est l'auteur. Elle n'a pas donné son titre au huitième travail d'Hercule et pourtant en est le principal mystère.

Sophocle déjà avait traité ce mythe, mais son texte s'est perdu. C'est finalement la version d'Euripide qui nous est parvenue. Dans sa tragédie intitulée justement « Alceste », il évoque les mystères d'Eleusis.

La tragédie prend place quand on comprend qu'Alceste et Admète seront séparés à tout jamais. En effet, Alceste en acceptant de donner sa vie pour sauver celle de son mari accède au statut de « divinité bienheureuse », état de perfection recherché par les adorateurs d'Eleusis. Son âme ne se réincarnera plus, car elle est délivrée du cycle du karma.

A l'inverse Admète récupère des mains d'Hercule, le corps sans âme de sa bien-aimée, mais suivant le marché conclu avec Zeus il devra mourir lui-même.

Or en demandant à Alceste de mourir pour lui, Admète s'est damné et pour payer il devra se réincarner.

Il sera donc séparé de l'amour de sa vie, alors que s'il avait accepté de mourir il aurait retrouvé sa bien-aimée pour des noces mystiques dans l'Au-Delà.

Dans une version tardive de l'épopée de Gilgamesh qui démontre la circulation des idées dans le monde antique, Enkidu le double-animal de Gilgamesh trouve la mort autrement que par la vengeance de la princesse Ishtar comme raconté dans l'épisode du lion de Némée.

Gilgamesh a fait tomber par inadvertance sa flute de lapis-lazuli et son anneau de cornaline aux enfers. Inkidu se propose d'aller les chercher. Gilgamesh accepte mais le met en garde sur son attitude : il ne doit pas se troubler d'y retrouver des proches et ne pas leur adresser la parole. Mais celui-ci n'entend pas le conseil de son ami et reste prisonnier des enfers.

Gilgamesh implore les dieux et finalement l'un d'eux accepte d'entrouvrir un soupirail d'où s'échappe l'esprit d'Enkidu. Gilgamesh le presse alors de questions pour savoir ce qu'il a vu en bas. S'en suit une longue description de supplices particuliers infligés aux défunts suivant leurs méfaits en ce monde.

Cette idée sera reprise au Moyen-Age par Dante Alighieri, dans les différents cercles infernaux de sa magistrale « Divine Comédie ».

Ce qui est commun à ces œuvres littéraires c'est le souci du visiteur de faire échapper un proche au sort commun, voire de se substituer à lui par amour.

C'était l'un des mystères d'Eleusis, dont les initiés pouvaient remplacer les fidèles.

Elle m'évoque une pratique de magie blanche qui consiste à prendre sur soi l'affliction d'un autre. Cette pratique tout à fait chrétienne est souvent évoquée, mais n'est jamais expliquée. Cependant un cœur pur saura comprendre et trouver la méthode dans un des nombreux livres exposant l'enseignement du grand thaumaturge que fut le Maitre Philippe de Lyon.

On retrouve la thématique de la résurrection dans le mythe d'Orphée. Après la mort d'Eurydice il échoue à la faire sortir du royaume des morts, car il n'a pas respecté la consigne qui lui a été donnée. Trop amoureux d'Eurydice il se retourne pour la regarder. Et ce faisant il la perd une seconde fois et définitivement.

Tout cela m'évoque les paroles du Christ : « Celui qui aime sa vie la perdra, et celui qui haït sa vie dans ce monde la conservera pour la vie éternelle ». Jean 12-25

Nous arrivons maintenant à la neuvième épreuve qui traite de la confusion des genres et du retour à l'unité perdue.

9 la prise de la ceinture d'Hyppolyté

Admète, la fille du roi d'Argolide, exigea qu'on lui rapportât la ceinture d'or d'Hyppolyté, la reine des Amazones, Comme Eurysthée cédait à tous les caprices de sa fille, il chargea Hercule de cette tâche.

Hercule s'embarqua à bord d'un navire et mit le cap vers l'est, malgré son mal de mer.

En escale à Paros, deux de ses compagnons furent tués par deux fils du roi Minos. Furieux, Hercule mit un coup de massue sur le crâne des assaillants et les tua sur le coup.

Encore perturbé par son mal de mer et par la disparition de son écuyer Abdéros, Hercule s'attaqua aussi aux habitants de l'île. Il fracassa les maisons, défonça les palais, détruisit les récoltes.

Pour apaiser sa furie, la population lui proposa de choisir deux hommes pour remplacer ses deux compagnons. Hercule choisit les deux fils d'Androgée.

Hercule traversa ensuite la mer de Marmara, et atteint la Bithynie (au bord de la mer Noire, au nord-est d'Istanbul).

Le peuple des Amazones était constitué de guerrières sans pitié. Elles s'accouplaient aux hommes de passage, puis les assassinaient et tuaient leurs enfants mâles. Seules survivaient les filles qui, arrivées à l'âge de se battre, se coupaient le sein droit pour mieux manier l'arc et le glaive et n'épargnaient leur sein gauche que pour pouvoir allaiter leurs filles.

A la grande surprise d'Hercule, Hyppolyté lui fit bon accueil. Face à ce robuste guerrier la reine fut envoûtée et lui promit sa ceinture d'or avant de la dégrafer et de s'offrir à lui. Cet objet, était pourtant l'emblème de son pouvoir moral et militaire.

Mais Héra déguisée en amazone répandit la rumeur qu'Hercule voulait enlever la reine et des milliers de cavalières attaquèrent Hercule et ses compagnons.

Pensant qu'Hyppolyté l'avait trahi et avec la pondération qu'on lui connaît Hercule lui fracassa la tête et lui arracha la ceinture d'or.

Avant de partir, Hercule eut juste le temps de massacrer encore une petite centaine d'amazones. Notre héros mâle n'allait tout de même pas se laisser intimider par ces guerriers femelles ! Ce n'est pas dans l'ordre des choses de ce machiste conte antique.

Sur la route du retour Hercule aperçut au bord d'une falaise une jeune princesse terrorisée par un énorme monstre marin qui la guettait. C'était Hésione, la sœur de Ganymède.

Le roi son père expliqua à notre héros que les oracles lui avaient prédit la fin de ses malheurs s'il donnait sa fille en sacrifice au monstre des mers.

Hercule négocia avec le roi. Il lui rendrait sa fille en échange des quatre juments immortelles (ou deux suivant les versions) que Zeus lui avait offertes. C'était le tribut versé au roi en compensation de l'enlèvement de son fils Ganymède.

Mais au retour d'Hercule sur le rivage, Hésione avait déjà disparu dans la gorge du monstre marin.

Hercule se jeta alors à l'eau et ouvrit la gueule du monstre. Puis il rampa dans le tunnel rouge de sa gorge et retrouva Hésione dans les entrailles du monstre. Avec son épée il se fraya alors une sortie hors du ventre du monstre, à la lumière du jour.

De retour à Mycènes Hercule offrit la ceinture d'or à Admète. Tout semblant normal à cette enfant gâtée, celle-ci ne manifesta pas la moindre émotion.

Interprétation :

Comme d'habitude cet épisode dissimule de multiples sens cachés. Au niveau archéologique, cette ceinture était certainement inspirée de celles de l'époque, constituées d'un disque de métal précieux et ouvragé, représentant le disque solaire ou lunaire, suivant que c'était un homme ou une femme qui le portait.

Donc Hyppolité aurait dû avoir une ceinture d'argent, mais on nous dit qu'elle avait appartenu à son père, qui n'est autre qu'Arès (Mars) dieu de la guerre, d'où le fait qu'elle soit en or.

La ceinture d'Hyppolyté lui avait été donnée par Vénus, cela rend plus facile la première interprétation. Et de fait, on pense immédiatement à la virginité et à l'éternel féminin. Cette ceinture est le symbole de la maternité et de l'Enfant sacré vers qui toute la vie humaine est orientée.

La Reine des Amazones tombe amoureuse et offre sa ceinture et donc sa virginité, parce qu'elle reconnait en Hercule son égal. Est-ce réciproque ? Etant donné qu'il la massacre à la fin, surement que non…

Dans cette neuvième épreuve, il s'agit entre autres pour Hercule de prendre conscience de l'égalité homme femme.

Comme on l'a vu, une histoire d'amour en mythologie n'est pas forcément une relation sexuelle. Hésione est la sœur de Ganymède, « le plus beau des enfants des hommes », c'est à dire le plus sage.

De plus on a vu avec la capture des cavales mangeuses d'hommes qu'Hercule a accepté le mors d'Athéna, c'est-à-dire a dompté sa libido et renoncé (au moins temporairement) au sexe.
L'épisode de la ceinture d'Hyppolité a donc une signification cachée qui va au-delà de la virginité sexuelle que la reine lui aurait offerte.

La deuxième interprétation est astrologique : la ceinture évoque le signe de la Vierge et l'arcane III du tarot : l'impératrice.

La déesse Vierge traverse le temps et les cultures. Tour à tour, Eve, Isis, ou la Vierge Marie, elle représente la Mère du Monde.

La Vierge est associée à la maison VI du zodiaque qui régit la santé physique et mentale et le dévouement. Les natifs de ce signe ont de la pureté et de la noblesse dans leurs intentions, à l'image d'Hésione qui se sacrifie pour le bien commun.

La Vierge est appelée la "déesse des deux voies", car elle symbolise la matière et est aussi la gardienne de la vie. Le symbolisme de la Vierge est de protéger, nourrir et finalement révéler la réalité spirituelle cachée.

Les Amazones ont bien ces rôles : protéger et combattre ceux qui ne sont pas dignes d'accéder à la sagesse divine. Ils peuvent copuler pour honorer le taureau de Crête, mais seules les enfants femelles sont nourries et gardent la vie, car elles sont elles aussi des gardiennes du temple.

On peut noter qu'Hercule n'anéantit pas le peuple des Amazones, mais se contente d'occire sa reine et un grand nombre d'entre elles. On peut aussi noter qu'au début de son épopée Hercule a du mal à entrer en contact avec les femmes autrement qu'en copulant, jusqu'à l'épisode d'Hésione et du monstre marin.

Effectivement ensuite il n'aura plus que des rapports chastes, notamment avec les Hespérides.

Hercule dans cet épisode conquière davantage qu'une parure vestimentaire, ce que n'a pas compris Admète à qui elle était destinée. C'est la troisième interprétation.

La ceinture d'Hyppolité coupe le corps en deux à la taille. Elle sépare ce qui est du domaine de l'incarnation de ce qui est du domaine de l'esprit et du cœur. Elle distingue les deux premiers chakras positionnés sur le périnée et le sacrum qui régissent le bien-être matériel et terrestre, des cinq autres qui régissent la relation à autrui, l'équilibre personnel et l'élévation spirituelle.

Peut-être avez-vous noté que la fille d'Eurysthée porte le même prénom que le roi Admète, mari d'Alceste. Cette ambiguïté est un des nombreux indices qui amènent à une troisième interprétation plus ésotérique en lien avec la polarité homme femme présente en chaque être humain.

Le premier indice est qu'Hercule emmène avec lui les deux fils d'Androgée, au nom prédestiné. Androgée était l'un des 200 enfants de Minos, tué par des jeunes gens jaloux de ses victoires sportives.

Minos, pour le venger, s'empara des villes, dont étaient originaires les assassins et obligea leurs habitants à lui envoyer tous les ans, 7 jeunes garçons et 7 jeunes filles pour les livrer aux orgies du Minotaure.

Le 7 indique bien le côté sacré de ces jeunes gens condamnés à satisfaire les pulsions bestiales du Minotaure. On peut y voir une allusion au nombre maximal de pleines lunes en une année : 14.

C'est Thésée qui tuera le monstre et sortira du labyrinthe grâce au fil tissé par Ariane, une autre fille de Minos.

Il y a aussi une allusion au mythe d'Osiris tué et découpé en 14 morceaux par son frère Seth, et dont la femme Isis ne retrouvera que 13 morceaux, le sexe ayant été gobé par un poisson. Osiris renait donc sans sexe déterminé.

Le deuxième indice : les Amazones ont le sein droit coupé ce qui indique le refus d'une complète féminité et une place excessive donnée aux vertus guerrières masculines (polarité masculine à droite).

Elles sont donc aussi l'expression de l'androgyne, qu'il faut distinguer d'Hermaphrodite, tous deux symboles de la double nature.

L'androgyne a un sexe établi et cultive l'ambiguïté.

Hermaphrodite est le fils d'Hermès (le messager des dieux) et d'Aphrodite (déesse de l'amour). Né mâle, c'est lors d'un bain dans un lac qu'une nymphe l'enlaça et demanda aux dieux de confondre leurs deux corps et leurs deux sexes.

La bipolarité sexuelle des Amazones exprime sans doute, comme l'androgyne platonicien, le mythe de la complétude (spirituelle) : un moment antérieur à l'incarnation où l'âme n'a pas de sexe déterminé.

C'est en quelque sorte la version mythologique grecque du jardin d'Eden et du paradis perdu de la Bible.

Une autre réponse se trouve dans le Rebis, le symbole alchimique de la Rose Croix, du latin Res Bina (chose double), que l'on doit à Basile Valentin en 1659.

Il est symbolisé par un corps humain à deux têtes, celle d'un homme et celle d'une femme. Cette représentation de l'Hermaphrodite alchimique figure dans tous les traités hermétiques (qui traitent d'alchimie). Il évoque l'œuf philosophique et l'œuf cosmique dont la séparation en deux correspond à « La Manifestation » par polarisation de l'Unité première.

On l'a vu avec l'oursin fossile des druides honoré par un lancer de nœud de vipères (ovum anguinum évoqué par Pline), la notion d'œuf primordial est commune à de nombreuses cultures antiques de par le monde

La quatrième interprétation est dans l'épreuve d'Hésione avalée par le monstre marin. L'analogie avec Jonas et la baleine vous aura forcément frappé, ce récit de la Bible est antérieur d'environ trois siècles à l'épopée d'Hercule.

Pas d'ambiguïté : le tunnel rouge de la gorge du poisson indique bien que l'on est dans l'œuvre au rouge. Quelle analogie avec Jonas ?

Jonas est le cinquième des douze prophètes de l'Ancien Testament. Dieu l'envoie à Ninive capitale de l'empire assyrien convertir les païens. Il désobéit et prend la fuite sur un bateau à Jaffa en direction de Tarsis, ville non identifiée aujourd'hui où les vaisseaux de Salomon allaient chercher des métaux précieux.

Jonas (Younes en arabe) essuie soudain une tempête provoquée par la colère divine. Les marins le jettent alors par-dessus bord, et à l'instant même, la mer s'apaise.

Il est recueilli dans le ventre d'un grand poisson durant 3 jours et 3 nuits. Le gros poisson (souvent désigné à tort comme une baleine) le recrache ensuite sur le rivage.

Il y a bien sûr dans ce récit une évocation de la gestation qui permet la naissance d'un être nouveau après sa mort symbolique. La durée de trois jours et trois nuits fait référence à la grande triade, au rite initiatique qui permet la transmutation du plomb en or, de l'homme vil en un initié.

Or, à un moment de son périple, Jonas est à Ninive, connue pour ses débordements orgiaques où les femmes sont davantage objets que sujets.

Dieu s'adresse à Jonas en lui disant : « Ne suis-je pas libre de pardonner à des humains qui ne connaissent ni leur droite ni leur gauche ?". On peut comprendre cette expression comme : « des humains qui ne connaissent rien à rien ».

On peut aussi y voir un autre sens, car les mots de la Bible sont choisis, et souvent cryptés. Le fait pour le chercheur spirituel de connaitre sa double polarité induit forcément le respect de l'autre sexe, qui dispose aussi de cette double polarité.

Cette méconnaissance des habitants de Ninive est donc une sorte d'immaturité du développement spirituel. D'où l'échange entre Dieu et Jonas. On ne peut reprocher son immaturité à un enfant qui n'a pas encore grandi.

La double polarité fait aussi appel à la notion de médecine énergétique chère aux peuples d'Extrême-Orient, et on l'a vu le signe de la Vierge est celui de la santé et de la médecine. Pour compléter ses connaissances ou faire le lien avec mon propos, le lecteur pourra s'intéresser aux méridiens des médecines chinoise et ayurvédique, au Yin et au Yang, au magnétisme.

Il est à noter qu'Hercule est enfermé avec une femme dans le ventre du poisson.
Pour autant, malgré son habitude, il ne cherche pas à profiter de la situation et avoir un rapport sexuel. C'est que cette fois il s'agit d'une noce alchimique qui lui permet de sortir, transformé et régénéré. On est au cœur de l'œuvre au rouge.

Hercule est une allusion à Jonas, et Jonas est la préfiguration du Christ. « Car, comme Jonas fut dans le ventre du cétacé trois jours et trois nuits, ainsi le fils de l'homme sera trois jours et trois nuits dans le sein de la terre. » Mt 12-40.

Il y a donc dans l'épisode d'Hésione et du poisson la préfiguration de l'épreuve suivante, la capture des bœufs roux de Géryon. C'est pourquoi cette dixième épreuve est mystérieusement rattachée au signe zodiacal du poisson, alors qu'aucun poisson ne figure dans le récit.

Un mot maintenant sur les chevaux qui apparaissent une nouvelle fois dans le récit : Hercule demande comme récompense les quatre juments que Zeus a données en compensation de l'enlèvement de Ganymède.

On ne précise pas la couleur, mais on devine que ce ne sont pas des juments noires…Ces juments vraisemblablement blanches sont des pensées, un savoir, une forme d'intelligence élevée qui sont un don de Dieu (Zeus). Hercule ne demande rien de moins que « l'initiation suprême », un signe d'en haut qui lui permet de s'élever un peu plus vers son père.

On l'a vu, Zeus était tombé amoureux de Ganymède et il s'était transformé en aigle afin de l'enlever et d'en faire son amant. Dans une autre version on dit que Ganymède est son propre fils.

En 1551 Natale Conti écrit dans « Mythologies » :
« Qu'est-ce que les Anciens ont voulu montrer par
cette fable, sinon que Dieu aime l'homme sage, et
que lui seul approche la nature divine ? ». Zeus fit
de Ganymède l'échanson des Dieux (celui qui leur
verse à boire) et il donna son nom à une étoile du
signe zodiacal du Verseau.

On parle beaucoup depuis quelques décennies de
l'ère du Verseau. Paul Le Cour, dans « L'Ère du
Verseau », justement, précise que la nouvelle ère
est censée débuter astronomiquement vers 2160.
Selon lui, nous allons quitter l'ère des Poissons,
période à dominance religieuse et belliqueuse pour
entrer dans l'ère du Verseau, qui sera une époque
d'harmonie retrouvée. Puisse-t-il avoir raison !

Selon Rudolph Steiner, Théosophe, Anthroposophe,
puis Franc-Maçon travaillant au rite de Memphis
Misraïm : « l'Ère du Verseau permettra aux hommes
de percevoir les mondes suprasensibles de manière
objective et consciente. Ils pourraient alors former
des communautés spirituelles et fraternelles d'un
nouveau genre ». Forts de ces déclarations, de
nombreux groupes contemporains new-âge se
revendiquent de lui, mais parfois dans une dérive
sectaire.

Le choix proposé à l'humanité à l'aube de l'ère du
verseau est le suivant : se laisser enchaîner par ses
propres excès comme le plus grand nombre, ou
bien accepter comme Ganymède de se laisser ravir
par les Forces Créatrices du Ciel afin de mieux les
servir.

La couverture de ce livre est illustrée par une statue d'Hercule ayant en sa main les pommes d'or du jardin des Hespérides. On notera son visage glabre, mais dans d'autres représentations sa barbe pousse après avoir affronté le lion de Némée, manifestant sa maturité par une musculature de plus en plus trapue au fil de son épopée.

Nous avons vu Hercule s'améliorer, c'est-à-dire accomplir l'œuvre au noir, élever sa pensée : l'œuvre au blanc, et s'apurer encore dans l'œuvre au jaune en se détachant de ce qui lui est devenu inutile.

La Rubedo (l'œuvre au rouge) consiste à trouver la pierre cachée, un état de conscience où la vie et la mort, le passé et le futur, le haut et le bas, le communicable et l'incommunicable, cessent d'être perçus de façon contradictoire.

Au-delà de la légende d'Hercule, il faut comprendre que les évolutions personnelles du chercheur spirituel entraînent des transformations nécessaires autour de lui. C'est que la Pierre Philosophale commence à agir, à transformer le plomb en or.

Les trois derniers travaux d'Hercule content cette œuvre au rouge : la capture des bœufs de Géryon, la récolte des pommes d'or du jardin des Hespérides, et la destruction de Cerbère, le gardien des enfers.

10. La capture des bœufs de Géryon

Eurysthée exigea qu'Hercule lui amène les bœufs roux de Géryon, géant colossal, dont les flancs se ramifiaient en trois corps. Géryon était roi de Tartessos, ville d'Andalousie en Espagne. Il possédait un troupeau de bœufs d'une grande beauté, gardé par un berger et par un monstrueux chien à trois têtes.

Pour obéir à ce nouvel ordre Hercule partit vers l'Occident en longeant la côte africaine, par le sud donc. Arrivé au détroit qui sépare l'Europe de l'Afrique, il éleva deux colonnes, une sur chaque continent, pour commémorer son passage. On les appelle depuis « les Colonnes d'Hercule » (Gibraltar et Ceuta).

À cet endroit le soleil très ardent incommoda Hercule, qui banda son arc et décocha une flèche contre lui. Étonné de cette audace, le Soleil, pour apaiser le vaillant héros et lui permettre de continuer sa route, lui prêta une coupe d'or pour le transporter à travers l'océan et le guider jusqu'aux rivages où il remonte au ciel pour éclairer la Terre.

Hercule s'embarqua donc dans la coupe et parvint au terme de son voyage. Il passa la nuit à épier les troupeaux. Le chien, vigilant, aboya.

Hercule l'assomma d'un coup de massue. Le bouvier accourut au secours de son chien. Suivant les versions, Hercule l'assomma de sa massue d'olivier ou au contraire lui laissa la vie sauve.

Hercule commençait à emporter les bœufs lorsque Géryon alerté par les aboiements du chien avant qu'il ne fût tué vint protéger son troupeau.

L'affrontement commença. Héra mauvaise perdante et décidément bien rancunière envers Hercule, vint au secours de Géryon. Hercule dût lui décocher une flèche qui vint percer le sein droit avant qu'elle ne s'enfuie, rappel de la blessure que les Amazones s'infligeaient et de l'épisode de la création de la voie lactée.

Puis vint le tour de Géryon chez qui une flèche fatale transperça les trois corps en même temps.

Du sang de Géryon naquit un arbre qui, à l'époque où apparaissent les Pléiades, porte des fruits sans noyaux ressemblant à des cerises (des arbouses ?).

Victorieux, il ramena le troupeau à Eurysthée en longeant la Méditerranée par le nord, par un chemin qui longtemps s'appela la voie Herculéenne, avant de devenir voie Domitienne. C'est à partir de ce récit que de nombreuses légendes ont vu le jour.

Lors de ses incursions dans les terres il fonda de nombreuses villes, dont une qu'il appela « Alésia », ce qui veut dire « pérégrinations » en souvenir de son voyage.

Les historiens romains relatent que les Gaulois considéraient cette ville comme leur capitale, et que cette race guerrière affirmait descendre d'Hercule et d'une princesse du nom de « Galata » dont ils avaient gardé le nom.

Cela prouve au passage la forte imprégnation de la culture grecque chez un peuple pourtant qualifié de barbare par les romains. Pourtant Plutarque a raconté les échanges et explorations menées par les grecs jusque dans les pays nordiques.

Continuant son voyage de retour Hercule fut attaqué par les Ligures alors qu'il se trouvait désarmé. Il appela à l'aide son père et en réponse Zeus fit tomber une pluie de galets providentiels. La légende dit qu'ils étaient si abondants qu'ils formèrent la plaine de la Crau. On sait bien sûr qu'il s'agit en fait de l'ancien estuaire de la Durance, mais la légende est jolie et poétique.

Hercule fit aussi une halte sur le rocher escarpé d'une presqu'île entourée de falaises, et laissa son nom au Port-Hercule de Monaco.

En descendant le long de l'Italie, il engendra un enfant du nom de Latinus, ancêtre des latins selon la légende, dans un lieu qui devait devenir Rome et un peu plus bas sur les pentes du Vésuve créa bien sûr la ville qui allait prendre son nom : Herculanum.

Il est impossible de citer les nombreuses villes qui revendiquent le passage de notre héros et à chaque fois expliquent une particularité géographique par un nouvel exploit. Le lecteur féru de légendes locales pourra consulter les écrits d'Apollodore.

Interprétation :

Envoyer une flèche contre le soleil : on a déjà vu la symbolique des flèches envoyées contre les oiseaux du lac Stymphale, le lion de Némée ou l'Hydre de Lerne. Ce sont les « traits » de la pensée.

Envoyer une flèche vers le ciel, c'est élever sa pensée vers le créateur et la Lux Æterna. Il vient, souvenez-vous, de récupérer les juments (blanches) de Zeus et sollicite l'honneur de l'initiation suprême. Il est donc normal qu'il tourne ses pensées vers Dieu.

Cette coupe d'or fait immédiatement penser au Saint Graal. Mais cette tradition médiévale lui est postérieure.

Il ne s'agit pas de la coupe qui a recueilli le sang du Christ (Sang royal = Sang réal = Saint Graal) ; mais de la coupe de la connaissance universelle et essentielle (essence du ciel), de l'essence de Dieu.

Ce qui pour les chrétiens est la même chose, puisque Dieu s'incarne dans le Christ.

L'acception moderne du Saint graal signifie « la récompense suprême » que l'on atteint au prix de mille efforts et que le commun ne peut atteindre. Et les efforts en matière de spiritualité passent par la méditation, par la centration et l'éveil des chakras.

La coupe d'or donnée par le soleil ou Apollon est aussi appelée une nef, c'est-à-dire un vaisseau. Cette coupe symbolise aussi la capacité à voyager à travers le temps et l'espace.

Il existe plusieurs façons d'expérimenter cela, depuis la visualisation à distance jusqu'au voyage astral. Ce n'est pas le corps physique qui voyage, mais ses corps subtils.

Hélios, le Soleil invite Hercule à aller vers l'Orient alors que précisément l'Espagne est à l'occident de la Grèce. On est là dans une direction symbolique, celle du soleil levant, celle de l'origine du monde, de la source de la vie. La coupe d'or invite le chercheur spirituel à un voyage immobile, dans sa propre lumière intérieure.

Le chien est le gardien du temple, en l'occurrence de ce géant à trois corps. Il effraie ceux qui se sont approchés par accident mais ne sont pas prêts à accéder au géant, et à maitriser ses trois corps. Il est le protecteur de la méditation.

Géryon et son chien de garde sont des monstres effrayants tous les deux, mais ils n'en ont pas moins la signature ternaire avec leurs trois têtes.

Malgré leur apparence hideuse ils sont des créatures de Dieu.

Ce géant à trois corps, qu'est-ce que ça vous évoque ? Pas de doute, les 3 corps sont les corps : éthérique, astral et mental. Dans l'Egypte antique on considère le Ka comme correspondant au corps éthérique, le Ba comme le corps astral, le Khu au corps mental supérieur ou corps causal.

Le Ka entoure le corps physique et peut être considéré comme un signal électrique qui peut être photographié avec le procédé Kirlian, mais disparaît après la mort. Il est le support des chakras.

Le Ba que l'on appelle aujourd'hui l'Aura, réagit au gré des ressentis et des émotions. C'est à ce niveau vibratoire sensitif que se produit l'attirance ou la répulsion envers autrui. Le corps Astral ne disparait pas à la mort physique. Le mathématicien, médecin et biologiste Emile Pinel l'a décrit dans ses travaux comme le "champ H3".

Le Khu est le reflet de nos pensées et de nos connaissances spirituelles. C'est véritablement l'image invisible mais profonde de notre personnalité. Il est responsable de la création des "Formes-Pensées" qui sont souvent le résultat de nos peurs. Comme ce sont les pensées qui l'animent, ce corps disparaît de la proximité corporelle avec la mort.

Cependant sa forme supérieure, ou corps Causal persiste puisqu'elle est la part Divine et immortelle en chacun de nous.

Ces notions de corps subtils connues et enseignées par les traditions extrême-orientales ont été singulièrement valorisées grâce à l'étude des principes de physique quantique, révélés par Niels Bohr et Max Planck au début du XXème siècle.

La matière n'est qu'une illusion formée de vide à 99.99%, où s'agitent en tous sens des paquets d'atomes (ou quantas) qui sont mus par de l'énergie et de l'information. Ce ballet frénétique d'énergies fonctionne au-delà de la vitesse de la lumière.

De la même façon que l'énergie électrique de la foudre provoque le tonnerre, l'activité électrique des atomes, imperceptible à l'œil nu, provoque une onde imperceptible à l'oreille.

Ainsi si on peut entendre le tonnerre à distance sans avoir vu la foudre, il en est de même avec les particules de matière dont on peut appréhender la vibration sans en avoir la vision.

C'est que les particules émettent des ondes invisibles et pourtant bien réelles, observables en des lieux différents. Cela tend à prouver l'existence de mondes parallèles appelés par les scientifiques Multivers (univers multiples).

Ces ondes invisibles sont composées de cordes harmoniques dans plusieurs dimensions qui s'organisent dans une géométrie quantique complexe et dynamique, en harmonie avec le principe d'impermanence des religions bouddhiste et hindouiste.

Ces cordes contiennent de l'information organisée par l'énergie noire qui détermine potentiellement la masse, la forme et la fonction de la particule.

Comme le dit le Dr Xavier Emmanuelli : « au fond de la matière il y a l'énergie et au fond de l'énergie il y a l'information organisée sous la forme d'un champ informationnel quantique structuré, à la définition très proche d'un champ de conscience ». (Cité par Didier Luccan dans son blog : « Les grandes questions de la vie »).

« Champ de conscience ? » … Ne serait-ce pas une définition de ce que pourrait être le secret de la vie ? et donc de « Celui » ou « Ce » qui en serait l'origine ?

Hercule en transperçant d'une flèche (de la pensée) les 3 corps en même temps s'imprègne de cette réalité. Le géant Géryon représente l'humanité, à la fois témoin et acteur de « La Manifestation ».

Les bœufs symbolisent le peuple indolent et placide qu'il faut guider.

Ce n'est pas par hasard qu'au retour de cette épreuve Hercule crée des villes et marque de son empreinte tous les peuples méditerranéens. C'est une nouvelle preuve de l'universalité du mythe.

Les transformations littéraires postérieures, toujours avantageuses, relèvent du « catalogue touristique » évoqué au chapitre des écuries d'Augias et de l'épopée des Argonautes.

En guidant ses bœufs Hercule fait œuvre de civilisation, donne une culture et des valeurs communes. Il devient un guide spirituel, un maitre.

Oui, l'homme éclairé qui a atteint un haut niveau de connaissances spirituelles doit servir de guide à ses contemporains. Il doit transmettre un peu de son savoir et inciter ses frères à faire comme lui, à commencer le chemin spirituel qui vise à transformer leur plomb en or.

On doit souligner que le récit ne parle pas d'empire d'Hercule. Celui-ci étend son influence culturelle et spirituelle mais ne règne pas de façon temporelle.

De fait notre culture occidentale prouve que nous sommes tous ses enfants.

Si tout le monde n'entame pas une recherche spirituelle, notre façon de penser est bien l'héritage des valeurs d'Hercule : la loyauté, la fidélité en amitié, la capacité de repentance, le courage, l'idéal élevé, l'altruisme, la récompense juste après l'effort, et bien d'autres.

La capture des bœufs de Géryon trouve sa correspondance zodiacale dans le signe du Poisson mais est également associée à la constellation du Bouvier et à la planète Saturne.

Or on appelait autrefois la constellation du Bouvier, la constellation d'Horus. Ainsi guider le troupeau de bœufs, ces animaux placides et lents, comme l'est la planète Saturne, signifierait guider l'humanité qui doit accéder progressivement au verbe d'Horus.

Il faut aller chercher du côté de l'Egypte pour comprendre le changement de nom.

Ainsi dans le rituel maçonnique de Memphis Misraïm, il est dit en fin de réunion : « N'oublions pas que c'est en notre âme et en l'âme de nos semblables que nous devons semer le verbe d'Horus, afin qu'il produise des fruits de tout genre et de toute espèce. Car l'âme de l'homme est la terre naturelle sur laquelle plane le faucon divin. Et comme les eaux du Nil fécondent la terre de Memphis dans la saison Shâ et au mois de Thôt, ainsi les Eaux d'En Haut fécondent le Temple intérieur de l'Homme dans la même mystérieuse saison. »

Horus est le fils d'Isis et d'Osiris chers à Mozart dans sa « Flute enchantée ». C'est une divinité cosmique, un être fabuleux aux yeux vairons, l'un est le soleil et l'autre la lune.

La correspondance de cette épreuve avec le signe du poisson est difficile à comprendre, car elle est spéculative. C'est l'épisode d'Hésione, on l'a vu qui met sur la piste du sens caché.

A l'époque de la rédaction des douze travaux d'Hercule le monde vivait à l'ère du bélier et attendait le passage à notre ère, celle des poissons. Difficile de prédire l'avenir, mais cette ère annonçait l'arrivée d'un guide, d'un messie, d'un fils qui allait marquer de son empreinte les 2160 ans à venir.

Hercule dans ses trois derniers travaux a un rôle de prophète qui annonce le message universel du Christ. En ramenant les bœufs il préfigure son rôle de civilisateur de l'Occident. C'est pourquoi son parcours retour est ponctué de fondations de villes, de ports et de routes.

Au jardin des Hespérides il va confirmer l'existence de la vie éternelle (l'immortalité) et en maitrisant Cerbère il vaincra la mort (annonce de la résurrection du Christ).

11 La cueillette des pommes d'or du jardin des Hespérides

À peine revenu de cette expédition, Hercule reçut l'ordre de ramener à Eurysthée les fruits d'or du jardin des Hespérides. Filles d'Atlas, les Hespérides habitaient un jardin merveilleux dont les arbres étaient chargés de pommes d'or (dont tout le monde s'accorde à penser qu'il s'agit d'agrumes).

Hercule ne savait où trouver le mystérieux jardin. Il s'adressa à Nérée, ce vieux dieu de l'océan époux de Doris et père des Néréides. Il possédait un don de voyance et la capacité à changer d'aspect. Nérée tenta d'éloigner Hercule et pour l'effrayer se transforma en lion, en serpent, puis en flammes.

Mais Hercule résista et Nérée sous la pression de ses filles accepta de lui révéler son secret. Hercule reprit la route de l'Occident, mais cette fois en passant par le nord. En traversant le Caucase il rencontra Prométhée.

Prométhée était un Titan et l'initiateur de la première civilisation humaine. C'est lui qui déroba dans le ciel le feu sacré et le transmit aux hommes. Zeus l'enchaîna sur la montagne du Caucase où un vautour lui rongeait le foie, lequel repoussait sans cesse. Hercule le délivra.

Hercule partit aux confins du monde occidental et atteignit le jardin merveilleux. Mais il s'arrêta aux prises avec une profonde angoisse.

Atlas se trouvait devant lui et chancelant, soutenait de sa tête et de ses mains le fardeau du monde. Dans d'autres versions il soutenait le globe terrestre ou la voûte céleste. Son visage trahissait sa souffrance, mais il ne demandait pas d'aide.

Atlas, le frère de Prométhée, s'offrit d'aller cueillir les fruits, mais à deux conditions.

La première était qu'Hercule le débarrasse du dragon Ladon, le monstre à cent têtes, envoyé par Héra et dont chacune parlait dans une langue différente.

La seconde était que le héros le décharge de son fardeau pendant qu'il irait cueillir les pommes.

Hercule accepta. D'une seule flèche, il transperça les cent têtes du monstre qui mourut d'un seul coup. Puis Hercule impressionné par la charge d'Atlas se hâta de le soulager en prenant le fardeau sur ses puissantes épaules.

Atlas revint avec trois fruits et se proposa de les porter lui-même à Eurysthée. Hercule fit mine d'être d'accord et demanda à Atlas de reprendre un court instant la voûte céleste, le temps de glisser un coussin sous sa tête. Il s'empara alors des pommes d'or et s'enfuit pour ramener son butin à Eurysthée.

<u>Interprétation :</u>

Avec Nérée, Hercule est confronté pour la troisième fois à une force hostile qui se manifeste au travers des quatre éléments : la terre (le lion), l'eau (le serpent), le feu et l'air qui est utilisé pour la parole. C'est une nouvelle fois le signe que l'attention du lecteur doit se porter sur la sacralité de ce qui va suivre.

Commençons par Prométhée dont Hercule tue le vautour qui lui dévorait le foie. Hercule délivre Prométhée, et trouve une solution pour ne pas déroger à l'injonction de son père. Puisque Zeus avait juré que le Titan devait rester à jamais enchaîné au Caucase, Hercule lui forgea un anneau de fer provenant de ses chaînes, accolé à un morceau de pierre du Caucase, que plus jamais Prométhée ne quittera. C'est ainsi que la bague est devenue le symbole de la fidélité des vœux.

Prométhée est celui qui a créé les hommes à partir d'eau et de terre (appréciez la similitude du récit avec celui de la Bible).

Son frère était chargé d'armer les hommes de griffes, de crocs et de défenses comme les autres animaux. Celui-ci ayant failli, Prométhée décida de donner le feu aux hommes pour compenser leur faiblesse. Il monta vers Hélios, le soleil, et déroba un peu de son feu dans une tige de roseau.

Zeus l'ayant appris décida de le punir, non pas d'avoir donné ce savoir aux hommes, mais d'avoir volé les Dieux. Le vautour dévorant le foie, c'est le symbole du péché originel, de l'orgueil de Prométhée qui s'est cru l'égal des Dieux.

Or ce foie repousse toujours car il est dans la nature humaine de vouloir tout connaitre et d'abuser de ce pouvoir en se croyant l'égal de Dieu.

Mais quand on est engagé dans la voie spirituelle, il n'y pas de retour en arrière possible et il faut savoir rester humble, comme l'épreuve du lion de Némée nous y invite au début du parcours.

Hercule doit aussi apprendre à soulager la souffrance d'autrui, à s'oublier lui-même pour servir l'humanité, ce qu'il va faire avec Atlas.

Le trait qui perce les 100 têtes du dragon Ladon, parlant 100 langues, m'évoque une réalité exprimée par St Thomas d'Aquin à propos des anges : « Les êtres purement spirituels peuvent transmettre leurs pensées dans un état pur, sans besoin de médiation ou de signes ».

Cela indique donc l'universalité de la pensée, la capacité à dépasser l'obstacle des langues. Le lecteur en aura peut être fait lui-même l'expérience dans un de ses rêves, en ayant perçu la présence d'un être cher qui communique avec lui de façon profonde et mémorable sans prononcer un mot.

Passer par le Caucase qui se situe au Nord-Est de la Grèce pour aller à Gibraltar ce n'est pas vraiment le plus direct. J'y vois donc une direction symbolique et la référence à un lieu mythologique nommé selon les Traditions : Hyperborée, île Blanche, Avallon, Shambhalla ou Pays de l'Agartha. Strabon rapporte la façon dont Pythéas décrit Thulé, une ile mythique où il s'est rendu : « Il n'y a ni terre, ni eau, ni air à l'état séparé, mais une sorte de mélange des trois (...) on ne peut y voyager ou y faire voile. » Cela laisse entendre que l'ile n'est pas de ce monde.

Jules Verne dans Vingt mille lieues sous les mers le nomme Ultima Thulé et décrit un univers assez proche de l'Atlantide : « une Pompéi enfouie sous les eaux, que le capitaine Nemo ressuscitait à mes regards !». S'inspirant des travaux sur le sujet, il écrit qu'il y vivait, je cite : « une race divine, spirituelle, au niveau de conscience cosmique élevé. On appelait ces habitants les grands transparents, et leur continent fut englouti par un cataclysme ». Je pense que « les grands transparents » sont explicites.

On retrouve ce même mythe dans une autre référence géographique : les Hespérides, ces îles fabuleuses situées dans l'océan Atlantique, au-delà des « colonnes d'Hercule ». Il s'agit donc pour notre héros d'accéder à un savoir ancien, celui de l'île mythologique de l'Atlantide, dont Atlas est le Dieu.

Que représente Atlas et cette force qui soutient le monde ? La gravité et les lois de la mécanique céleste sans doute. Quand Hercule endosse le rôle d'Atlas, il acquiert les connaissances astronomiques et astrologiques. Notons au passage les trois appuis en triangle d'Atlas : les deux mains et le cou, et que le nom d'Atlas est donné à notre vertèbre sommitale, celle qui supporte le globe crânien.

Mais dans l'effort d'Hercule pour soutenir le monde, il y a aussi une allégorie de la souffrance humaine, qu'il prend sur lui. Or, comme vous le savez, même si cet acte est généreux, nul humain ne peut alléger toute la souffrance du monde car cette œuvre est titanesque.

A moins qu'il ne soit la manifestation du Logos, et on l'a vu avec les bœufs de Géryon Hercule annonce l'arrivée de ce guide lors de l'ère du poisson.

On vient de voir aussi avec Prométhée, que ce serait aller contre la marche du monde et défier Dieu que de s'imaginer pouvoir rivaliser avec lui. Hercule aurait pu passer à côté de sa mission s'il était resté prisonnier de la charge de l'humanité. Et c'est par une feinte qu'il s'en dégage.

C'est cependant une clé. Il ne cueille pas lui-même ces fruits. C'est parce qu'il s'est mis au service des autres qu'Hercule reçoit les pommes d'or.

C'est parce qu'il met ses actes en adéquation avec sa pensée qu'il atteint son but. Désormais Hercule pense et agit en sachant qu'il fait partie d'un grand tout, où chacun a sa place et un rôle à jouer dans le devenir de l'humanité.

Dans l'épopée de Gilgamesh, le héros après avoir traversé la grande mer sur un radeau de 120 perches de bambous (de 5X12 coudées = 30 mètres, emplies d'eau potable) arrive auprès du sage Utapapishti, qui a survécu au déluge et est devenu immortel.
Oui, oui, le déluge de la Bible dont on trouve aussi le récit dans les écrits hindouistes…

Compte tenu des efforts et de sa si longue quête, la femme d'Utapapishti convainc le vieux sage de faire connaitre à Gilgamesh la plante d'immortalité. (Vous noterez que c'est une femme qui une nouvelle fois permet la révélation, comme Isis, Héra etc.). A grande peine il se la procure en allant la cueillir au fond de la mer car cette plante si précieuse blesse les mains comme les roses.

Or sur le chemin du retour Gilgamesh en arrivant dans une oasis prend un bain, laissant sa précieuse plante sur la berge. Un serpent s'en empare et disparait dans les ténèbres, ne laissant que sa mue en souvenir de son passage et de son accès à l'immortalité. On retrouve l'idée de l'immortalité de la tête de l'Hydre.

C'est ici une allusion à l'Ouroboros (le serpent qui se mord la queue) représenté en Egypte au XVI° siècle avant notre ère, notamment dans la nécropole de Toutankhamon, en Mésopotamie et bien sûr en extrême orient qui a conservé cette représentation traditionnelle. L'Ouroboros est une représentation du cycle de la vie éternelle, le début et la fin de tout, préfigure l'Alpha et l'Oméga.

Il ne reste à Gilgamesh, gémissant sur son malheur qu'à accepter la mortalité de sa vie humaine et à regagner son royaume d'Uruk composé de 3 600 arpents de cité, 3 600 arpents de vergers et 3 600 arpents d'argilières, soit une ville de 10 800 arpents. C'est l'origine de la dimension des tapis de loge des Francs-Maçons Égyptiens qui comptent 108 cases réparties en 9X12.

Plus chanceux que Gilgamesh, Hercule ramène les pommes d'or du jardin des Hespérides qui sont à l'image du soleil Hélios. Elles symbolisent la quintessence (essence distillée cinq fois) du savoir terrestre.

Hercule ne dérobe pas le feu d'Hélios mais son fruit. Quand on parle d'or dans la mythologie c'est pour qualifier une chose d'origine divine (la serpe d'or pour couper la tête de l'Hydre par exemple).

L'appellation est restée pour le nombre d'or, que l'on appelle aussi la divine proportion et qui est une équation mathématique régissant la croissance du monde végétal, animal et minéral.

Il existe de nombreux ouvrages sur le sujet pour que le lecteur complète ses connaissances.

La pomme est une référence au Jardin d'Eden où comme il est dit dans la Bible, le serpent tendit la pomme de l'arbre de la connaissance du bien et du mal. Avec le mental apparaît la connaissance de la dualité, de l'âme et de la matière qui en est le support terrestre. La chute originelle, le départ du paradis, c'est la perte de l'état spirituel pour s'incarner dans la matière, comme nous l'avons vu avec le Rébis de la ceinture d'Hyppolyté.

Il faut noter que dans le Jardin d'Eden une seule pomme fut donnée à l'être humain, symbole de l'unité perdue et de l'incarnation.

Si vous coupez une pomme en deux, apparaissent 5 carpelles (5 loges) dessinant une étoile à cinq branches (la quinte-essence) symbolisant l'humain, doté de quatre membres et d'une tête. C'est là que se trouvent les pépins, les germes de vie.

Par contre si vous coupez une orange en deux, apparaissent 12 quartiers, symbolisant les 12 signes du zodiaque, ou les 12 incarnations par lesquelles l'homme doit passer pour se libérer de la matière. 12 incarnations : c'est bien sûr un nombre symbolique parfait, pas une réalité immuable.

Une tradition populaire des peuples d'Extrême-Orient veut que l'ascendant astrologique indique le signe dans lequel on se réincarnera.

Le nombre de pépin détermine aussi la douceur.

Quiconque a fait de la confiture d'oranges amères se rappelle de la corvée de l'épépinage de ces fruits sauvages.

Les pépins symbolisent cette fois les erreurs durant les incarnations successives, le karma, qui oblige à une nouvelle incarnation.

Dans l'orange il y a trois couches. L'écorce amère, la peau neutre, et la pulpe sucrée. On retrouve la spécificité de ces trois boissons dans certains rituels d'initiation.

Hercule est presque à la fin de son voyage terrestre. L'heure des comptes a sonné. Il s'agit d'évaluer son parcours, le fruit des différentes incarnations d'Hercule dans chacun des signes du zodiaque.

Les oranges sont triples comme les trois corps d'Hercule, car tout va être pesé, les pensées, les paroles, les actions et les omissions (comme dans l'acte de contrition).

Le jardin des Hespérides avec la confrontation à Atlas correspond au signe astral des Gémeaux.

Les natifs de ce signe sont les champions de la communication et des échanges, placés sous l'influence positive de Mercure. Ils sont brillants et d'une grande curiosité intellectuelle, mais doivent se garder de tomber dans l'accumulation de savoirs et préférer la connaissance que leur apportent leurs nombreuses expériences humaines, c'est pourquoi ils doivent d'avantage se fier à leur intuition et à leur ressenti qu'à leur raisonnement.

Le signe du Gémeaux est représenté par l'arcane XIX du tarot (le Soleil) ou figurent deux enfants potelés dont la position des mains doit interroger. Ces enfants sont les Dioscures : Castor et Pollux qui ont gagné leur place au firmament Grec.

Castor est mortel et Pollux est immortel. Or, l'éclat de l'étoile Castor s'affaiblit tandis que Pollux, devient de plus en plus brillante. Le soi doit céder le pas à la vie spirituelle. Ou comme le dit Saint Jean-Baptiste à propos du Christ : "Il faut qu'il croisse et que je diminue." (Jean, III, 30)

Castor et Pollux personnifient deux groupes majeurs d'étoiles, les Sept Pléiades et les Sept Etoiles de la Grande Ourse qui sont, au nord, les deux constellations autour desquelles notre univers semble tourner.

Ces deux étoiles étaient aussi appelées Apollon et Hercule, Apollon signifiant le Régent, le Dieu Solaire, et Hercule, "Celui qui vient pour travailler". Elles représentent donc les deux aspects de l'homme, âme et personnalité, homme spirituel et être humain.

Enfin sans être complet sur ce onzième travail, il me faut mentionner une version, où Hercule entre dans le jardin et se voit remettre les trois oranges par les Hespérides, les trois filles d'Atlas, symbolisant trois aspects de la divinité.

Aglaé symbolise la magnificence de la manifestation sur le plan physique. Elle offre une pomme à Hercule sur laquelle est inscrit le mot « amour ».

Erythéia, qui garde la porte de l'âme lui donne une pomme sur laquelle est gravé le mot « service ».

Hespéris, l'étoile du soir, celle de l'initiation, lui donne une pomme sur laquelle est écrit « volonté ».

De la volonté Hercule en a fait preuve tout au long de son parcours spirituel, il n'a jamais faibli même quand Héra multipliait les obstacles et les monstres sur sa route.

A de nombreuses reprises on l'a vu se mettre au service des populations pour les délivrer des calamités qui les accablaient. Enfin, malgré toute la violence dont il a fait preuve au long de son chemin, le ressort de son épopée reste l'amour pour son père et le respect de la parole donnée à l'oracle de Delphes de se soumettre à sa volonté.

De la volonté, il va encore lui en falloir pour affronter sa dernière épreuve : la capture de Cerbère.

12. La capture de Cerbère, le gardien des Enfers

Comme ultime épreuve, Eurysthée demanda à Hercule de descendre aux Enfers, royaume du dieu Hadès, et de lui ramener Cerbère, le chien de garde des portes souterraines. Hadès (Pluton des romains) était le quatrième enfant de Cronos (Saturne) et le frère de Zeus, Poséidon et Déméter. Donc l'oncle d'Hercule.

Pour se préparer, Hercule se rendit à Eleusis. Les prêtres de Déméter connaissaient les rituels nécessaires pour entrer en toute sérénité dans le royaume des morts et ils accueillirent notre héros. Ils lui expliquèrent qu'il devait être purifié du sang versé au long de sa vie. La purification fut longue à cause du massacre des Centaures. Mais bientôt il fut prêt à être initié aux mystères et à affronter ses nouvelles épreuves. Hermès et Athéna l'escortèrent jusqu'au séjour des Morts.

Apollodore raconte qu'après avoir suivi un long tunnel obscur, Hercule atteignit le Styx, ce fleuve qui marquait l'entrée du royaume des morts. Charon le passeur de l'au-delà apparut bientôt sur sa barque et se pétrifia en voyant notre héros, bien vivant et déterminé. Tremblant de peur d'être assommé, Charon le fit traverser en silence. Hercule entra alors vraiment dans l'Hadès.

Il rencontra deux spectres, celui de la Gorgone et celui de Méléagre, un prince tué par sa mère pour le punir du meurtre de ses oncles. Hercule inquiet se saisit de flèches mais Charon le prévint qu'il était vain de tirer sur des ombres.

Plus loin encore, il rencontra Ascalaphos écrasé par un rocher. C'était la punition de Déméter contre l'assassin de sa fille Perséphone. Hercule, ému, souleva le rocher et le libéra, mais Déméter toujours courroucée le transforma alors en chouette hulotte.

Enfin il arriva devant Hadès, le dieu des mondes souterrains. Celui-ci accepta qu'Hercule ramène Cerbère dans le monde des vivants, à condition de vaincre le fabuleux monstre sans aucune arme puis de ramener l'animal une fois qu'Eurysthée l'aurait vu.

Cerbère était un chien monstrueux qui possédait trois têtes et dont le corps se terminait par une queue de dragon. Sa voix d'airain terrorisait ceux qui l'approchaient.

Hercule se présenta devant Cerbère revêtu seulement de la peau du lion de Némée. Il le saisit par le cou, juste à l'endroit où se réunissaient les trois têtes et, quoique mordu, le serra si fort que le chien étouffa et se décida à suivre le héros. Hercule enchaîna l'animal et le tira hors du gouffre.

Après avoir traversé Mycènes en tenant le monstre en laisse comme un animal de compagnie, Hercule approcha du palais royal.

Eurysthée comme à son habitude se précipita au fond de sa jarre et n'accepta d'en sortir que lorsqu'Hercule eut ramené Cerbère à son véritable maître.

Les douze travaux s'arrêtent là.

Juste quelques mots pour rappeler la suite de ses aventures : après avoir été chaste lors des dernières épreuves, Hercule se remarie avec Déjanire, une femme très jalouse des nombreuses infidélités de son mari.

Or, Nessus, l'un des centaures massacrés par Hercule, avait raconté à Déjanire avant de mourir, qu'elle s'assurerait de la fidélité de son mari en lui faisant porter une tunique trempée dans le sang du centaure, mêlé au noir venin de l'Hydre de Lerne.

Bien plus tard, Déjanire, jalouse d'une jeune concubine, résolut de faire revenir Hercule à elle et suivant la préconisation de Nessus lui offrit une tunique. Celle-ci brûla la peau d'Hercule comme un acide, à tel point que n'en pouvant plus de souffrir, il se fit dresser un bûcher et se jeta dans les flammes.

Une nouvelle vie l'attendait sur le mont Olympe.

Interprétation :

On peut déjà s'étonner que cette épreuve arrive après le jardin des Hespérides.

Pourquoi descendre aux enfers lorsqu'on a atteint l'immortalité ?

De plus Hercule est déjà descendu au royaume d'Hadès chercher Alceste la femme du roi Admète.

Par ailleurs, il faut noter qu'autant l'accès aux jardins des Hespérides est long et semé d'embuches, autant l'accès aux enfers est facile.

On peut souligner que la boucle est bouclée avec la peau du lion de Némée : la récompense du premier travail d'Hercule est l'outil qui lui permet de terminer le dernier.

La victoire sur son ego lui permet d'éviter l'orgueil du savoir ultime. Il évite ainsi, même s'il est allé en enfer, de connaître la mort éternelle et cela lui permet de quitter le cycle de réincarnation.

Quel est le rôle de Cerbère ? On nous dit qu'il est le gardien des enfers. Mais dans quel sens faut-il le comprendre ? Est-il là pour empêcher les justes d'y séjourner ou empêcher les damnés d'en sortir ? Sans doute les deux.

Selon la tradition, les deux premières têtes de Cerbère symbolisent la sensation et le désir qui poussent les profanes dans le monde du plaisir.

Les profanes ne savent que jouir des plaisirs terrestres. Ils oublient leur destin inéluctable et donc ne sont pas dignes de l'immortalité. Ils commettent le pire : leur défiance envers les dieux les perdra.

Le séjour des morts leur est réservé car ils n'ont pas su consacrer un peu de leur existence à leur élévation spirituelle vers l'Olympe.

La troisième tête est celle des bonnes intentions. C'est de là que nous vient l'expression : « l'enfer est pavé de bonnes intentions ». Parfois les bonnes intentions viennent contrecarrer des plans supérieurs.

Vouloir soustraire autrui à la difficulté n'est pas toujours lui rendre service, car cela l'empêche de s'y confronter et d'évoluer. C'est l'orgueil qui pousse parfois à agir en prenant la place des Dieux et il n'est jamais bon de contrarier leurs plans.

Pour une deuxième interprétation faisons un comparatif avec d'autres traditions. La fonction psychopompe (qui élève les âmes au ciel) après la pesée des âmes des morts existe depuis la nuit des temps : l'Anubis des égyptiens, l'Odin des Celtes, l'Hermès des grecs, le Mercure des romains et notre Archange Saint Michel ont cette même fonction.

Ils sont chargés d'attribuer la juste récompense aux actes posés par le défunt au long de sa vie terrestre, puisqu'ils sont les intermédiaires entre les hommes et Dieu.

Pour les chrétiens, après le jugement dernier, Saint Pierre est censé accueillir les plus méritants au paradis muni de ses deux clés.

L'une est en argent et correspond au signe du Cancer, à la lune et à Isis. C'est la clé de l'incarnation qui nous fait chuter de l'état spirituel dans la matière et nous y emprisonne.

Le solstice d'été qui annonce le signe du Cancer est bien trompeur, car si le soleil est à son zénith il annonce la diminution inéluctable du jour et l'arrivée de la nuit.

L'autre clé est en or et correspond au signe du Capricorne, au soleil et à Osiris. Il symbolise le retour vers la nature spirituelle, lors du trépas (trois pas des Francs-Maçons). Le solstice d'hiver, a lieu lorsque les jours sont les plus courts et l'angoisse la plus sourde. Il annonce pourtant l'espérance d'un cycle nouveau de lumière et de résurrection.

Cancer et Capricorne, cela ne vous aura pas échappé sont les deux signes qui ont donné leur nom aux tropiques. Le Soleil entre dans le signe des Cancer le 21 juin au solstice d'été, et, dans le signe du capricorne le 21 décembre au solstice d'hiver.

L'épreuve de la capture du Cerbère est associée au signe zodiacal du Capricorne. La tradition ésotérique répète avec insistance que le Capricorne est un signe de haute initiation et la descente aux Enfers est une étape incontournable dans la plupart des religions à mystères. Il est représenté par l'arcane IX du tarot, l'Ermite.

C'est pourquoi le Capricorne est un signe de tristesse et de renoncement. C'est celui de l'étude et du travail laborieux qui n'a pas de récompense en ce monde, c'est celui de la capacité à dépasser la souffrance et la solitude intenses qui sont aussi les caractéristiques de l'initié.

Trois constellations sont liées au Capricorne : La Flèche, l'Aigle et le Dauphin.

La Flèche (Sagitta) est d'origine cosmique. Son nom hébreu signifie « celui qui est solitaire ».

L'Aigle, c'est l'oiseau de lumière, symbole de l'aspect le plus élevé de l'homme et manifestation de l'âme arrivée à l'accomplissement. Il peut aussi être une évocation de ce que l'on appellera plus tard, les anges de Lumière.

Le Dauphin est représenté dans l'ancien zodiaque, bondissant hors de l'eau.

Le dauphin n'est plus retenu par la loi physique des « Eaux-d'en-bas », il peut jouer avec les « Eaux-d'en-haut ».

En descendant dans le royaume d'Hadès, Hercule devient initié au rite d'Eleusis. De quoi s'agit-il ?

Il faut faire le lien avec les deux cycles zodiacaux du Cancer, mais surtout du Capricorne. Ils sont intimement liés à ceux de la terre et c'est pourquoi la déesse de l'agriculture, Déméter, (Cérès des romains) est une intermédiaire entre le monde des morts et celui des vivants.

Dans une autre version sa fille Perséphone, n'était pas tuée par Ascalaphos, mais avait mangé sept pépins d'une grenade pour sceller son mariage avec Hadès. Du coup, elle ne pouvait revenir du monde des morts.

Mais Zeus ému du chagrin de Déméter accepta qu'elle revoie sa fille huit mois par an, pendant la saison des cultures, et à condition que Perséphone rejoigne son mari Hadès pendant l'hiver.

L'initiation au rite d'Eleusis avait lieu sous le sceau du secret à l'intérieur d'un temple du sanctuaire et était en lien avec le cycle des saisons, des cycles cosmiques et bien sûr du cycle de la vie humaine.

Sous la conduite d'un Hiérophante (celui qui révèle les choses sacrées), les impétrants revivaient eux-mêmes le drame de Déméter, en errant nus dans le temple plongé dans l'obscurité sépulcrale, à la recherche de Perséphone.

Le retour de la lumière dans le temple était vécu comme la réapparition de Perséphone à la surface. La présentation d'un épi de blé gorgé de soleil, aux impétrants devenus initiés, symbolisait le germe de vie semé dans l'homme à sa naissance.

On retrouve cette symbolique du blé dans de nombreuses traditions.

Les Mystères d'Eleusis étaient ouverts à tous, riches comme pauvres, citoyens ou esclaves, hommes ou femmes.

Il y avait sept degrés d'initiation à Eleusis : Petits Mystères, Grands Mystères, Epoptie, Holoclères, Sacerdoce, Initiation royale, Initiation suprême.

On retrouve ces sept degrés dans les rites mithriaques et dans d'autres traditions ésotériques.

Les Mystères ont été célébrés à Eleusis pendant près de 2000 ans. Le sanctuaire cessa toute activité après sa mise à sac par Alaric I° et les Wisigoths en 395.

Cette épreuve de mort symbolique est commune à toutes les initiations à mystères. Pourquoi ? Parce qu'il s'agit de s'initier à ce qu'est la vie après la mort. En expérimentant cette « petite mort » l'initié se rend compte de la valeur de la vie, du fait qu'il lui faudra tout laisser : fortune, réputation, plaisirs….

Le rituel initiatique vise à lever l'angoisse de mort. L'impétrant en vivant sa propre mort se rend compte de la vanité des choses éphémères et cette prise de conscience lui révèle le sens de la vie.

« Sic transit gloria mundi » : « ainsi passe la gloire du monde » : comme une puissante mais courte flamme.

Pourquoi ce simulacre de mort ? Pour inviter l'initié à préparer son séjour dans l'Au-Delà.

La quête de Perséphone symbolise, au-delà des épreuves inéluctables de la vieillesse et de la mort, la Vie dans un monde parallèle.

Elle révèle que le sens de la vie est la recherche de l'Unité primordiale.

Par la sortie du tombeau l'initié d'Eleusis accède à la Vérité : la révélation de la lumière éclatante de Dieu et de la vie éternelle de son âme.

Conclusion

La démonstration est faite que suivant le niveau de lecture que vous faites du mythe d'Hercule, vous pouvez passer à côté du sens véritable.

On peut n'y voir qu'une œuvre poétique racontant les aventures d'un être vil et débauché, toujours prêt à forniquer et à casser la tête à coup de massue de ceux qui se mettent en travers de son chemin. Effectivement on ne le voit pas tirer les leçons de ses épreuves : il trahit, tue et manque singulièrement de subtilité.

On peut aussi y voir plusieurs niveaux de lecture que je me suis efforcé de vous livrer, et que j'ai émaillé de pistes de recherches pour les plus perspicaces et les plus courageux d'entre vous. Ce sont des connaissances universelles (qui versent toutes dans le même sens). Je ne prétends pas avoir fait le tour du mythe d'Hercule. Chacun pourra compléter mon travail par ses interprétations personnelles.

La relecture de ses travaux a été l'occasion de redécouvrir moi-même le foisonnement des symboles qui ponctuent son odyssée et que je n'ai pas tous traités. Et je ne parle pas du fourmillement des symboles des œuvres littéraires associées que j'ai citées : l'épopée de Gilgamesh, la Bible, la Bhagavad Gita.

Il faut noter aussi une multitude de récits du mythe d'Hercule qui présentent des versions différentes, antérieures ou posthumes aux éditions officielles et qui sont prétextes à discussions sans fins entre exégètes.

Un premier niveau de lecture en rapport avec l'art divinatoire du Tarot de Marseille permet de comprendre que l'épopée d'Hercule est bien un chemin initiatique comme le tarot lui-même le raconte. Cet art antique que nous ont transmis les Egyptiens est un support très dense de symboles et de philosophie cryptés. Pour qui s'y intéresse il y a de belles découvertes à y faire, en dehors de l'aspect divinatoire de premier degré.

Un deuxième niveau de lecture peut être fait sur l'aspect astronomique que j'ai peu développé. Quelle tristesse de constater que notre humanité ne sait plus lire dans le ciel : un signe parmi d'autre qu'elle s'en éloigne un peu plus chaque jour.

L'Homme dans sa chute toujours plus intense et plus rapide dans la matière devient aveugle au monde qui l'entoure, et reste prisonnier de son microcosme, cherchant à fuir le rythme des saisons, ignorant des grands cycles zodiacaux, aveugle à l'immensité absolue qui l'entoure.

Le mythe d'Hercule raconte la course du Soleil parcourant tous les ans les douze Signes du zodiaque et un peu des mystères de la symbolique des constellations.

Pour ne pas alourdir le texte déjà dense, je n'ai pas fait allusion aux animaux du zodiaque chinois. Et pourtant il suffit de les nommer pour comprendre l'analogie avec le mythe d'Hercule : tigre, serpent, cochon, rat, chèvre, chat, dragon, cheval, serpent, bœuf, coq, chien, et …le singe.

La compréhension du lecteur s'élargit lorsqu'il admet que les astres influent sur notre vie. L'idée d'une incarnation dans chacun des signes zodiacaux au gré du Samsara (la transmigration des âmes, ou courant des vies successives) éclaire sur la notion de perfectionnement individuel. Chaque signe zodiacal présente des caractéristiques positives à développer et d'autres négatives à combattre.

Le mythe nous donne à comprendre les 12 travaux, non pas comme un châtiment, ou comme un exploit sportif, mais comme une épreuve. Epreuve : dans le sens d'éprouver, ressentir, faire l'expérience sensible et affective d'une situation. L'épreuve a une vertu : elle nous révèle à nous-mêmes, elle nous prouve notre potentiel, nos talents.

Un troisième niveau de lecture que même le lecteur sceptique concèdera relève de l'éthique et du développement personnel. Devenir un homme ou une femme accompli(e) nécessite une discipline.

Malheureusement la vie ne se déroule pas comme une œuvre littéraire et poétique.

Celui ou celle qui a été confronté à une histoire personnelle douloureuse sait bien qu'il n'est pas si simple de couper les multiples têtes de l'Hydre. Parfois les têtes repoussent au moment où on s'y attend le moins.

De même notre éducation familiale n'est pas toujours propice à exprimer notre sensibilité, et cette tâche prend souvent plus que l'année nécessaire à la capture de la biche de Cérynie.

Quant à la peau de notre ego, comme on aimerait s'en débarrasser une fois pour toute…

En fait ce travail de perfectionnement vers la maîtrise est un travail de tous les jours, car dans la vraie vie on ne passe pas d'une épreuve à une autre. Au contraire il faut se battre sur tous les fronts en même temps et le travail sur soi prend des années.

J'ai peu développé l'approche psychanalytique du mythe car d'autres l'ont fait mieux que je n'aurais pu le faire (CF Luc Bigé).

D'autres vont encore plus loin, comme Emmanuel Filhol dans un article de la revue « Histoire des religions » intitulé « Héracleiè nosos » qui défend la thèse qu'Hercule souffrait de troubles psychiques qui l'ont conduit à une forme d'épilepsie.

J'ai évoqué aussi à un quatrième niveau une lecture maçonnique. Hercule déambule autour de la Méditerranée, comme les maçons le font autour de leur tapis de loge.

Chaque terrain d'aventure est marqué à ses extrémités par des colonnes, celles auxquelles Hercule a donné son nom d'une part et les deux colonnes Jakin et Boaz, d'autre part, dont les noms sont empruntés à celles du Temple de Jérusalem par les Francs-maçons. Il déambule par le sud pour les bœufs de Géryon, puis par le nord pour le jardin des Hespérides, et là encore on trouve des similitudes.

Au-delà du travail d'amélioration proposé par la démarche maçonnique, on peut aussi faire appel à l'alchimie, dont la formule « solve et coagula » résume la doctrine : dissoudre les scories qui font obstacle à notre libération du passé, et coaguler le meilleur de nous-même, l'essence de notre être.

Le lecteur aura compris que l'or des alchimistes de la voie cardiaque est au fond de chacun d'entre nous, quand d'autres cherchent encore la pierre philosophale et de l'or bien matériel dans des cornues (la voie humide).

Hercule passe comme on l'a vu par l'œuvre au noir puis par l'œuvre au blanc, l'œuvre au jaune et enfin l'œuvre au rouge. Chaque étape marque une avancée spirituelle.

Cette transformation intérieure est le fruit d'un travail exigeant du chercheur véritable. Pour ma part je ne crois pas que l'on puisse chercher la vérité sans avoir déjà une parcelle de foi qui ne demande qu'à s'épanouir. Comme Pascal fait dire à Jésus dans « Les pensées » : « Tu ne me chercherais pas si tu ne m'avais déjà trouvé ».

Mon parti-pris dans ce livre était clairement spirituel.

Un dernier mot sur les nombres. Vous avez noté qu'initialement Hercule devait faire dix travaux, mais que l'oracle avait prédit qu'il en ferait douze. De fait deux ne sont pas validés : l'Hydre de Lerne et les écuries d'Augias.

Le nombre dix indique une démarche spirituelle. Quand Dieu s'exprime il utilise le nombre dix : les 10 chapitres de la Genèse, les 10 commandements, les 10 plaies d'Egypte, l'Esprit Saint qui descend sur les apôtres 10 jours après l'Ascension du Christ, les dix sephirot de la kabbale. Le nombre 10 apparaît 244 fois dans la Bible mais seulement 8 fois dans le Coran. Dans l'Hindouisme il y a 10 avatars de Vishnou. Quant à Pythagore il considérait le 10 comme la représentation de l'univers. Hélène Blavatsky, fondatrice de la Théosophie voyait en ce nombre 10 l'alliance du 1 mâle et du 0 femelle, source de Tout et expression du « Principe ».

Et surtout ce qui est moins connu, **l'Homme lui-même est la dixième hiérarchie céleste**, après les neufs chœurs des anges.

Le chiffre douze revient quant à lui dans les écrits bibliques en signe d'élection des humains ou des objets : les douze prophètes de l'Ancien Testament les douze tribus d'Israël, les douze pierres précieuses du pectoral porté par le grand prêtre du Temple de Jérusalem, les douze apôtres du Nouveau Testament, les douze pains de la Cène, les douze portes de la cité céleste dans l'Apocalypse …

Ce nombre est un symbole de perfection, fruit de la multiplication du quatre de la matière humaine et du trois de la trinité. Il symbolise l'ordre et le bien et régit l'espace et le temps.

Au moment d'achever votre lecture peut-être vous demandez-vous à quelle étape vous vous situez vous-même au long de votre chemin spirituel ? J'espère que vous avez trouvé une réponse et que mon travail vous donnera envie d'aller toujours plus loin.

Comme les pèlerins du Moyen-Age le clamaient en partant de bon matin :

« Ultrera ! »,
(Allons plus outre !), (Allons plus loin).

Du même auteur :

« L'angélus c'est l'heure des anges »
Chez Amazon

Photo de couverture : Statue Hercule de retour de son épopée, d'Evan Lee, sur le site Unsplash.com

<u>Correspondances astrologiques :</u>

Dans « Les Travaux d'Hercule ». Alice A. Bailey exposait l'ordre des épreuves comme ceci :

1. Bélier : capture des cavales mangeuses d'hommes
2. Taureau : capture du taureau de Crète
3. Gémeaux : cueillette des pommes d'or du jardin des Hespérides
4. Cancer : capture de la Biche de Cérynie
5. Lion : massacre du Lion de Némée
6. Vierge : prise de la ceinture d'Hippolyté
7. Balance : capture du Sanglier d'Erymanthe
8. Scorpion : destruction de l'Hydre de Lerne
9. Sagittaire : extermination des oiseaux du lac de Stymphale
10. Capricorne : destruction de Cerbère, gardien de l'Hadès
11. Verseau : nettoyage des écuries d'Augias
12. Poissons : capture des bœufs roux de Géryon

<u>Principales sources :</u>

Principaux livres

- ATLANTIS, revue n°360, « Cronos ou Chronos ? les mystères du calendrier », hiver 1990,
- ANTARES Georges, « Le sentier du zodiaque », éditions Bussière, 1987
- BAILEY Alice « Les Travaux d'Hercule ». Ce livre est une traduction d'articles parus dans le périodique anglais, « The Beacon », de février 1957 à août 1958.
- La BIBLE, chanoine OSTY
- BIGE Luc « La voie du héros », les éditions de Janus 2016
- BIES Jean, « Les Alchimistes », les éditions du Félin - Philippe Lebaud, 2000
- BONARDEL Françoise, Philosophie de l'Alchimie, Grand œuvre et modernité, PUF, 1993
- BONINO Serge-Thomas, « Les anges et les démons », éditions Parole et Silence 2007
- EMMANUEL Robert, « Plein feu sur la Grèce antique : la mythologie », Dervy 1982
- EMMANUEL Robert, « Réconciliation avec la vie », Dervy 1987
- FILHOL Emmanuel revue « Histoire des religions » article intitulé « Héracleiè nosos »
- GUENON René, « étude sur la Franc-Maçonnerie et le Compagnonnage », Editions traditionnelles 1984
- GUENON René, « La grande Triade »,

Gallimard 1957
- HAEL Alfred, « Vie et paroles du Maitre Philippe », Dervy 1997
- HESIODE, « La théogonie », Flammarion 2001
- HOMERE, « l'Iliade » et « l'Odyssée », Gallimard/ Folio 1993 et 1973
- LECOUR Paul, « L'ère de Verseau », et « L'évangile ésotérique de Saint Jean », Dervy 1980 et 1990
- LEROUX Françoise, Christian-Jacques GUYONVARC'H, « les Druides », éditions Ouest France Université
- LEVEQUE Pierre, « Dans les pas des dieux grecs », Seuil 2003
- PRIEUR Jean, « l'Europe des mediums et des initiés », Perrin 1987
- RYEUL Jean, « La légende de Raymond Lulle », Omnium littéraire 1965
- SAINT HILAIRE Paul de, « L'univers secret du labyrinthe », Alphée à Monaco 2006
- SAWWAH Firas El, Damas 1996, « L'épopée mésopotamienne éternelle » (en arabe, mais on trouve des passages traduits sur le web)
- SHARAMON Shalila et Bodo J. BAGINSKI, "Manuel des chakras, de la théorie à la pratique », Entrelacs à Orsay, 1992
- SOUED Albert, « Les symboles des rêves dans la Bible », Oracle–Jacques Grancher 1997

Principaux sites internet

- Les douze travaux d'Hercule
- Tristan MOIR « Dictionnaire psychanalytique des images et symboles du rêve »
- Mythologica, « le grenier de Clio »
- Georges PRAT, « l'architecture invisible » (pour le tellurisme)
- Site de l'astrologue Sylvie Tribut (pour les mythes astrologiques)
- Stop mensonges (pour la glande pinéale)
- Wikipédia, portail de la mythologie grecque
- Secrets du tarot blogspot.fr

Glossaire

Alceste : princesse de Thessalie, femme d'Admète roi de Phères

Alcmène : mère d'Hercule, fille de Persée, épouse d'Amphitryon

Aphrodite : déesse de la beauté féminine et de l'amour, fille d'Ouranos

Apollon : dieu des arts et de la beauté masculine, sollicité à Delphes pour ses oracles

Ares : dieu de la guerre, Mars chez les romains

Argonaute : membre de l'épopée de Jason et la toison d'Or parti sur le navire Argo

Artémis : déesse de la nature sauvage et de la chasse, associée à la Lune, sœur d'Apollon associé au Soleil

Athéna : déesse vierge de la sagesse, fille de Zeus et de Métis, c'est la Minerve des romains

Atlas : frère de Prométhée, père des Hespérides, des Hyades, des Pléiades et de Calypso

Augias : argonaute ami d'Hercule, fils d'Hélios ou de Poséidon, roi d'Elis

Cerbère : chien monstrueux, fils d'Echidna et de Typhon, frère d'Orthos gardien du bétail de Géryon, de l'Hydre de Lerne et de la Chimère

Chiron : centaure, précepteur de médecine d'Hercule

Cronos : fils d'Ouranos et de Gaïa, roi des titans, époux de Rhéa, père de Zeus, Déméter, Héra, Hestia, Poséidon et Hadès. C'est le Saturne romain.

Déméter : déesse de l'agriculture, sœur de Poséidon, Zeus, Héra, Hestia et Hadès, et mère de Perséphone

Echidna : femme serpent, fille de Tartare et de Gaïa

Enkidu : ami et double animal de Gilgamesh

Eurysthée : Roi d'Argolide, commanditaire des 12 travaux d'Hercule

Gaïa : déesse de la terre

Ganymède : prince troyen enlevé au ciel par Zeus du fait de sa sagesse, frère d'Hésione et de Priam, oncle de Pâris qui va enlever Hélène de Troie

Gilgamesh : 5° roi de Mésopotamie, héro d'une épopée qui porte son nom

Hélios : dieu du Soleil

Héra : déesse de la fécondité, fille de Cronos et Rhéa, sœur de Poséidon, Déméter, Hadès, Hestia et Zeus dont elle est aussi la femme.

Hermès : messager des dieux, fils de Zeus, Mercure chez les romains

Hésione : sœur de Ganymède et de Priam et tante de Pâris qui enlèvera Hélène de Troie

Hespérides : nymphes du couchant, filles d'Atlas

Ishtar : déesse babylonienne de l'amour et de la guerre, associée à Vénus

Isis : déesse égyptienne sœur et épouse d'Osiris, mère d'Horus, son culte a été l'un des plus long de l'antiquité

Karma : loi spirituelle qui veut que chaque acte ait sa conséquence positive ou négative dans cette vie ou dans la suivante

Kundalini : énergie mystique de l'éveil spirituel

Minos : fils de Zeus et d'Europe, roi légendaire de Crète, père de 300 enfants, tous héros de la mythologie

Orphée : argonaute ami d'Hercule, époux d'Eurydice qu'il n'arrivera pas à ramener des enfers, inspirateur de la religion orphique

Ouranos : dieu du ciel, fils et époux de Gaïa, il refuse de créer la vie, c'est son fils Cronos qui en lui coupant les parties génitales permettra la création des titans

Pythie : prêtresse du temple d'Apollon par la bouche de qui sont révélés les oracles

Tartare : à la fois dieu et marais des enfers

Titans : divinités primordiales et géantes à l'origine de la vie, enfants d'Ouranos et de Gaïa

Typhon : dieu du vent et des tempêtes

Zeus : dieu suprême de la mythologie grecque, père d'Hercule